JAZZ**BEBOP**

BLUESGITARRE

Akkordkonzepte zur Beherrschung der Sprache der Bebop-, Jazz-, Blues-Gitarre

TIM**PETTINGALE**

ᒥUNDAMENTAL**CHANGES**

Jazz-, Bebop-, Blues-Gitarre

Akkordkonzepte zur Beherrschung der Sprache der Bebop-, Jazz-, Blues-Gitarre

ISBN: 978-1-78933-115-8

Veröffentlicht von **www.fundamental-changes.com**

www.fundamental-changes.com

Twitter: **@guitar_joseph**

Über 10.000 Fans auf Facebook: **FundamentalChangesInGuitar**

Instagram: **FundamentalChanges**

Für über 300 kostenlose Gitarrenlektionen mit Videos besuche

www.fundamental-changes.com

Copyright des Titelbildes: Shutterstock

Gewidmet meinem großartigen Freund Joseph Alexander - vielen Dank für die Gelegenheit!

Inhaltsverzeichnis

Einführung

Als ich zum ersten Mal Gitarre spielen lernte, tat ich das zusammen mit einem guten Freund, und als wir drei Akkorde drauf hatten, spielten wir stundenlang den Blues, wobei wir abwechselnd Rhythmus und Lead spielten. Dass wir einen Chorus nach dem anderen spielten und uns viele Aufnahmen anhörten, half mir, die Sprache der Improvisation zu erlernen und ein grundlegendes musikalisches Vokabular aufzubauen.

Als ich tiefer in den Jazz eindrang, suchte ich Hilfe, um zu lernen, wie man die Klänge der Gitarristen, die ich schätzte, erzeugt. Ich habe mich mit dem Ansatz „Einen Modus/eine Tonleiter für jeden Akkord lernen" beschäftigt, fand ihn aber etwas zu verkopft und leicht verwirrend. Viele Menschen kommen mit diesem Ansatz sehr gut klar, so dass ich anders verdrahtet sein muss. Der Durchbruch für mich kam, als ich einige einfache Akkordsubstitutionsideen lernte und plötzlich in der Lage war, „diesen Sound" zu erzeugen, den ich von den Gitarristen hörte, die ich bewunderte. Ich bin begeistert, diese Ideen mit dir in diesem Buch teilen zu können.

Alle Konzepte in diesem Buch haben theoretische Erklärungen und können entweder modal oder als Erweiterung von Akkorden betrachtet werden. Wir werden eine begrenzte Anzahl an Theorie erörtern, aber anstatt die Theorie eingehend zu untersuchen, verwendet dieses Buch bewusst einen einfachen, einprägsamen Ansatz, den du sofort in dein Gitarrenspiel umsetzen kannst. Der Schwerpunkt liegt hier darauf, Dinge, die du *bereits kennst,* neu zu verwerten, um dein Jazz-Vokabular zu erweitern, wobei der Blues als Ausgangspunkt dient.

Die hier gelehrten melodischen Linien erinnern an Jazzgrößen wie Joe Pass, Wes Montgomery, Pat Martino und Jim Hall. Während du die musikalischen Beispiele spielst, wirst du beginnen, ähnliche Ideen und Phrasen zu erkennen, die du vielleicht in ihrem Spiel gehört hast. Ich glaube jedoch nicht, dass Wes jemals bei sich selbst gedacht hat: „Jetzt werde ich diese Substitution spielen ...". Es ist wahrscheinlicher, dass er gerade die musikalischen Ideen ausgedrückt hat, die er in seinem Kopf gehört hat. Auf die gleiche Weise ist es mein Ziel, dir zu helfen, diese Klänge *in deinen Kopf* zu bekommen, so dass du irgendwann die Techniken ganz vergisst und einfach nur das spielst, was du hörst.

Abschließend möchte ich dich ermutigen, jedem Konzept genügend Zeit einzuräumen, bevor du mit dem nächsten fortfährst. Sie sind alle sehr zugänglich und du kannst sofort in sie einsteigen, aber die Magie wird beginnen, wenn du dir die Zeit nimmst, diese Ideen in dein Spiel aufzunehmen, und sie werden ein natürlicher Bestandteil deines Vokabulars werden.

Viel Spaß dabei,

Tim.

Hol dir das Audio

Die Audiodateien zu diesem Buch stehen unter **www.fundamental-changes.com** zum kostenlosen Download zur Verfügung. Der Link befindet sich oben rechts in der Ecke. Wähle einfach diesen Buchtitel aus dem Dropdown-Menü aus und folge den Anweisungen, um das Audio zu erhalten.

Wir empfehlen dir, die Dateien direkt auf deinen Computer herunterzuladen, nicht auf dein Tablet, und sie dort zu extrahieren, bevor du sie zu deiner Medienbibliothek hinzufügst. Du kannst sie dann auf dein Tablet, deinen iPod legen oder auf CD brennen. Auf der Download-Seite gibt es ein Hilfe-PDF, und wir bieten auch technischen Support über das Kontaktformular.

Kapitel 1 – Der Blues: Eine kleine Auffrischung

Die grundlegende Blues-Sequenz und die typischen Akkord-Voicings.

Der Blues folgt einem einfachen Drei-Akkordformat, das aus den I-, IV- und V-Akkorden in einer bestimmten Tonart besteht. Historisch gesehen haben Jazzmusiker diese Folge genommen und durch zusätzliche Akkordwechsel harmonisches Interesse geweckt. Sie haben auch die Akkorde bereichert, indem sie Alterationen hinzugefügt oder Substitutionen verwendet haben (siehe *Jazz Blues Soloing* für Gitarre von Joseph Alexander für ein ausgezeichnetes Hilfsmittel zu diesem Thema). Dieses Buch konzentriert sich jedoch auf die grundlegende 12-Takt-Blues-Sequenz und untersucht, was über jedem statischen Akkord gespielt werden kann, um neue Sounds zu erzeugen.

Unten sind die Akkorde eines grundlegenden 12-taktigen Blues. In der Tonart G sind die I-, IV- und V-Akkorde G-Dur, C-Dur und D-Dur. Bekannt als die *Haupt*dreiklänge, sind dies die Akkorde, die auf der Tonika (1. Grad), der Subdominante (4. Grad) und der Dominante (5. Grad) der Dur-Tonleiter aufbauen. Was dem Blues jedoch seinen unverwechselbaren Klang verleiht, ist, jeden dieser Dreiklänge in einen Dominant-7-Akkord zu verwandeln. Technisch gesehen bricht dies die Regeln der „klassischen" Harmonie, aber es interessiert niemanden wirklich, denn beim Blues geht es vor allem darum, ein *Gefühl* zu erzeugen und starke *Emotionen* zu wecken.

Typischerweise ist dann, in einem grundlegenden Blues, jeder Akkord ein Dominant-7-Akkord:

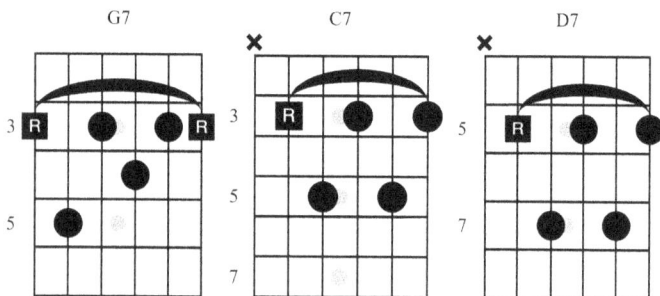

Akkorde IV und V werden üblicherweise auf diese Weise gespielt:

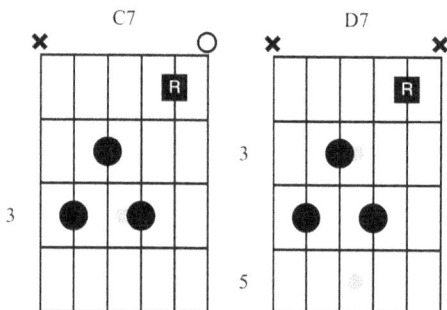

Unten ist ein 12-taktiger Blues in der Tonart G mit 7.-Akkord-Voicings. Normalerweise dauert der erste Akkord in einem Blues vier Takte, aber hier habe ich den *schnellen Wechsel* zu C7 in Takt Zwei hinzugefügt, der normalerweise von Jazzmusikern gespielt wird, um die Dinge in Bewegung zu halten.

Blues in G mit 7.-Akkorden

Am einfachsten würden die obigen 7.-Akkord-Voicings im Folk Blues, Popsongs mit drei Akkorden und Rock-and-Roll-Songs verwendet. Um mehr Farbe zu erzeugen, kann eine Mischung aus 7.- und 9.-Akkorden verwendet werden:

Weiteres Interesse kann durch das Hinzufügen von erweiterten oder alterierten Noten zu den Akkord-Voicings geschaffen werden. Ein Jazzgitarrist könnte typischerweise Voicings wie G13, C9 oder C13 und D7#9 oder D13 spielen.

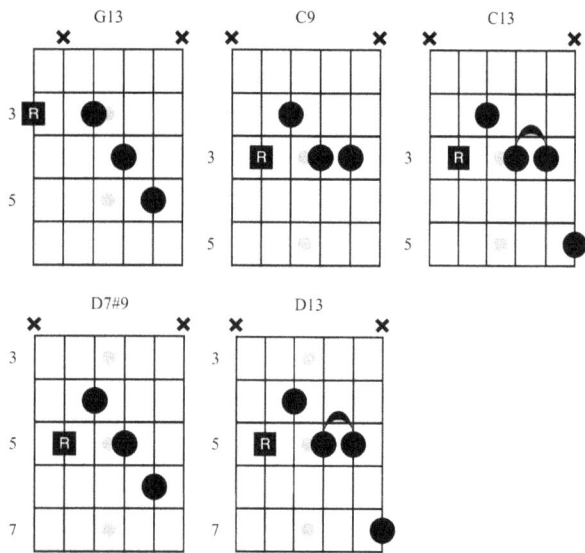

Die Backing-Tracks zu diesem Buch verwenden diese *erweiterten* Akkorde, um eine authentischen Jazz-Vibe zu erzeugen, so dass du es hilfreich finden wirst, diese Akkorde in einigen verschiedenen Positionen zu üben. Unten habe ich veranschaulicht, wo du diese Voicings spielen kannst, um dir eine gute Abdeckung des Halses zu ermöglichen.

G-Dominant-Voicings:

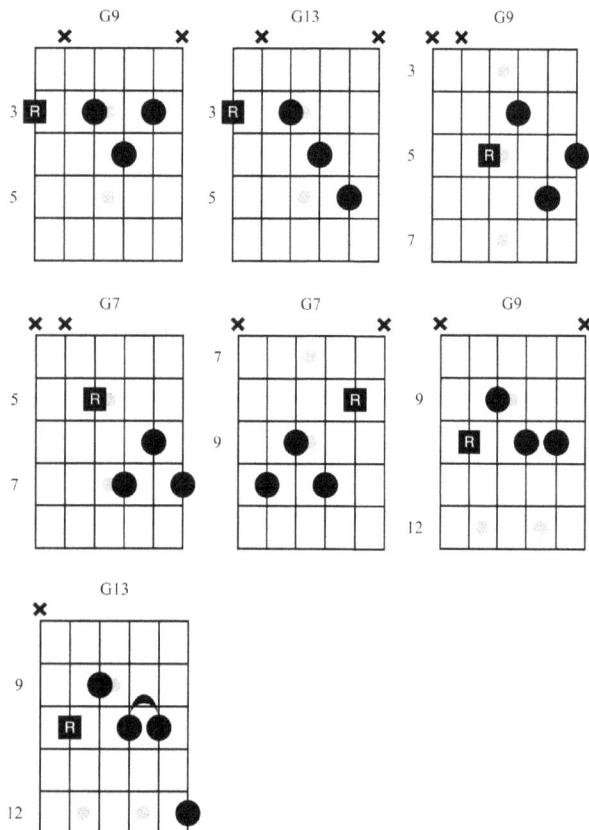

C-Dominant-Voicings:

D-Dominant-Voicings:

Hier ist noch ein weiterer 12-taktiger Blues – einer, der die obigen Akkorde frei kombiniert und dem Blues ein wenig mehr Farbe verleiht, um beste Voraussetzungen dafür zu schaffen, was noch kommen wird:

Blues in G

Über den Blues improvisieren

Die Tatsache, dass sich der Blues zu einer Sequenz entwickelt hat, die hauptsächlich aus dominanten Akkorden besteht, hat die Art, wie Gitarristen darüber improvisieren, beeinflusst. Der Blues ist einzigartig in dem Sinne, dass er nicht spezifisch Dur oder Moll klingt, sondern zwischen diesen beiden Tonarten wandert – meist während desselben Songs. Um zu hören, was ich meine, schau dir John Lee Hookers Song *I'm Bad Like Jesse James* an. Der Pianist auf diesem Track spielt Akkorde mit großen Terzen, während John Lee Hooker ein Riff spielt, das die kleine Terz betont. Technisch gesehen sollte es kollidieren, aber irgendwie funktioniert es einfach!

Durch die nebulöse Tonalität des Blues haben sich verschiedene Gitarristen auf sehr unterschiedliche Weise dem Spielen darüber angenähert.

Einige Gitarristen spielen einfach mit der Mollpentatonik-Tonleiter über die Akkordfolge, wobei sie die große Terz in den darunter liegenden Akkorden meist ignorieren. Dieser Sound wird durch den Delta Blues mit Gitarristen wie Muddy Waters, Robert Johnson und Son House geprägt. Zu den modernen Gitarristen gehören Stevie Ray Vaughan, Robert Cray und Joe Bonamassa.

Andere verwenden die Mollpentatonik-Tonleiter, aber verweisen oft auf die große Terz und erzeugen Linien, die gleichzeitig Dur und Moll verweben. Im Großen und Ganzen wirst du diesen Sound im Chicago Blues hören, mit Gitarristen wie B. B. King, Buddy Guy, Howlin' Wolf und Mike Bloomfield.

Andere Gitarristen werden sich auf die Durpentatonik-Tonleiter konzentrieren und auf die Molltonleiter verweisen. Dieser Ansatz findet sich beispielsweise im Spiel von Albert King, Larry Carlton und John Mayer wieder.

Es gibt viele großartige Ressourcen über den Blues, so dass ich hier nicht näher darauf eingehen werde (siehe *The Complete Guide to Playing Blues Guitar, Book Two: Melodic Phrasing* von Joseph Alexander, oder eines der Blues-Bücher dieser Serie). Aber da der Blues die Grundlage des Jazz ist, empfehle ich dir, dir die folgenden Gitarristen anzusehen und zu hören, wie sie über den Blues spielen.

Kein Zweifel, du liest dieses Buch, weil du lernen willst, wie man großartige Bebop-Linien kreiert, also solltest du dir Wes Montgomery, Pat Martino und andere anhören. Ich betrachte jedoch jeden der unten aufgeführten Akteure als wichtige Meilensteine auf dem Weg vom traditionellen Blues zum Jazz. Sie haben ein großes Verständnis für beide Genres und man hört eine „Brücke" vom Blues zum Jazz in ihrem Spiel.

Robben Ford

Robben Ford ist ein Bluesgitarrist, der in seinem Spiel eine echte Vorliebe für Jazz zeigt – ohne ein Jazzgitarrist zu sein. Einzigartig ist, dass es ihm gelungen ist, bestimmte Jazzkonzepte auf den Blues anzuwenden, ohne für die Hard-Blues-Fans *zu jazzig* zu klingen. Er hat von Zeit zu Zeit einige schöne kleine melodische Licks hinzugefügt, aber auch die Halbton-Ganzton Tonleiter ausgiebig genutzt.

Larry Carlton

Larry Carlton hat einen festen Platz im Jazz-Camp, ist aber auch ein guter Vertreter des Blues. Sein Blues-Spiel verfolgt typischerweise einen „Storytelling"-Ansatz und beinhaltet viele Frage- und Antwortphrasen. Man kann aber auch den Einfluss des Bebops in Larrys Spiel hören. Schau dir seine Version des Miles Davis-Klassikers *So What* auf seinem Album *Last Nite* an.

Kenny Burrell

Kenny Burrell ist ein wichtiger Gitarrist, wenn es darum geht, wie man vom Blues zum Jazz übergeht. Burrell gilt immer als Jazzgitarrist – und er ist ein guter – aber es gibt so viel vom Blues in seinem Spiel, dass er die perfekte Brücke zum nächsten Kapitel dieses Buches ist. Kenny Burrell ist das „Ying" zu Robben Fords „Yang"! Ein Jazzer, der viele Blues-Ideen nahtlos in sein Spiel integriert. Schau dir Kennys Klassiker *Midnight Blue* aus dem gleichnamigen Album an.

Zusammenfassung

Wir haben unsere kurze Auffrischung zum Blues abgeschlossen. Im nächsten Kapitel zeige ich dir, wie du die Sounds von Jazzgrößen wie Wes Montgomery, Joe Pass und Pat Martino erzeugen kannst. Jeder von ihnen war stark vom Blues beeinflusst, aber diese Gitarristen brachten ihn in unbekanntes Terrain, um die Sounds des modernen Bebop-Jazz zu kreieren.

Hoffentlich hast du dich für dieses Buch entschieden, weil du Gitarristen wie Wes und seinesgleichen gehört hast, und du willst wissen, wie du „diesen" Sound hinbekommst. Es mag so aussehen, als gäbe es eine große

Kluft zwischen den meist pentatonischen Ideen des Blues und den komplex klingenden Bebop-Linien der großen Jazzgitarristen, aber hier wird es interessant.

Anstatt dir viel Theorie und viele neue Tonleitern zu vermitteln, zeige ich dir einige einfache Akkordsubstitutionsideen, die dir helfen werden, den Sound des Bebop-Jazz-Blues leicht einzufangen.

Was ist unter „Substitution" zu verstehen und was kann ich damit machen?

Wenn wir über einen Akkord improvisieren, neigen wir dazu, Licks zu spielen, die aus Arpeggien und Skalen bestehen, die aus dem zugrunde liegenden „Quell"-Akkord stammen. Wenn wir eine Substitution verwenden, verwenden wir Arpeggien und Skalen, die von einem *anderen* Akkord abgeleitet sind, um über den ursprünglichen Akkord ein Solo zu spielen. Die restlichen Kapitel sind mehreren verschiedenen Substitutionsideen gewidmet, die du über den Blues verwenden kannst, um einige erstaunliche kreative Bebop-Linien zu erstellen. Jede Substitution wird im Laufe der Zeit detailliert beschrieben.

Kapitel 2 - Akkordsubstitution #1 – Moll, eine Quinte darüber

Einführung der Verwendung von Substitutionsideen

Bisher haben wir uns die grundlegenden Akkorde des Blues angesehen, die Akkord-Voicings geändert, um jazziger zu klingen, und nur einige der vielen großartigen Blues- und Jazzgitarristen erwähnt, die du dir ansehen solltest. Jetzt beginnen wir unsere Erkundung der Klänge des Bebops, mit dem Blues als unser Fundament.

Diese Lektion untersucht die erste von mehreren Substitutionsideen, die *Aspekte* verwenden*, die du bereits kennst,* um dich vom pentatonischen Sound zu lösen und moderne, jazz-inspirierte Linien zu kreieren.

Wenn du hörst, wie Wes sich dem Spielen über eine Blues-Sequenz nähert, wirst du feststellen, dass er, während er sich auf den Blues bezieht, die meiste Zeit über in einer anderen Tonart zu spielen scheint.

(Um Beispiele dafür zu hören, was ich meine, schau dir diese Wes-Aufnahmen an: *Blues in F, No Blues* und *West Coast Blues*).

Viele Leute haben Wes' Soli analysiert und Theorien über seinen Ansatz angeboten. Einige haben vorgeschlagen, dass er Modi verwendet. Andere haben gesagt, dass er sich darauf konzentrierte, erweiterte Noten – wie die 9., 11. und 13. – oder alterierte Noten wie die b5, #5, #5, b9 und #9 zu spielen.

Eine Theorie, die für mich mehr Sinn ergibt und die von großen Jazzgitarrenlehrern wie Adrian Ingram (einem Experten für den Stil von Wes Montgomery) vertreten wird, ist, dass er etwas viel Einfacheres im Sinn hatte – einen alternativen Akkord über das Original zu legen.

Unsere erste Substitution nimmt den I-Akkord des Blues und substituiert einen *Moll-Akkord, dessen Grundton eine reine Quinte darüber ist.*

Zum Beispiel, wenn unser Akkord G7 ist, dann ist der Mollakkord eine Quinte darüber Dm7.

Das bedeutet, wenn ich über den I-Akkord eines Blues in der Tonart G improvisiere, denke ich *D-Moll*, nicht G-Dur. Ich werde alle meine melodischen Ideen aus einer D-Moll-Tonalität beziehen, anstatt die üblichen G-Dur- oder Mollpentatonischen Linien zu spielen, die man erwarten könnte.

Alles, was aus der d-Moll-Tonalität kommt, ist Munition für unsere Linien.

Über G7 kannst du beispielsweise Dm7-, Dm9- oder Dm6-Arpeggien spielen. Oder du kannst Linien aus der D-Jazz-Moll-Tonleiter spielen. Wir werden uns jede dieser Ideen nacheinander in einem Moment ansehen.

Die Verwendung dieser einfachen Substitution ruft sofort die Klänge von Wes Montgomery, Pat Martino und Joe Pass hervor, aber alles, was du tust, ist, ein einfaches Arpeggio oder eine Molltonleiter zu spielen. Je mehr du mit diesem Konzept arbeitest, desto mehr kannst du diese ikonischen Sounds kreieren.

Der beste Weg, diesen Klang zu verstehen, ist, ihn in Aktion zu hören, daher hier einige Beispiele. Alle folgenden Beispiele werden über einen G7-Akkord gespielt. Damit es etwas jazziger klingt, habe ich ein G13 benutzt.

G13

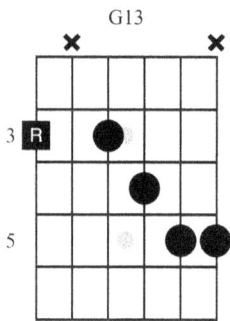

Dm7-Arpeggio-Licks

Die folgenden Beispiel-Licks basieren auf dem unten abgebildeten Dm7-Arpeggio:

D minor 7th arpeggio 5th
position

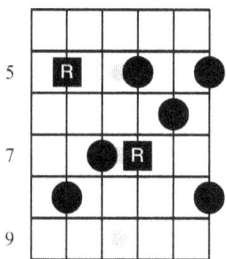

Hier sind vier Dm7-Arpeggio-Licks, um dir den Einstieg zu erleichtern. Die ersten beiden Licks enden mit einem A. Das ist die oberste Note eines G13-Akkords, der in dritter Position gespielt wird, so dass er sich gut verbindet.

Beispiel 2a:

Beispiel 2b:

In Takt 2 hat Beispiel 2c einen absteigenden Lauf, der einen Dm7-Akkord deutlich macht.

Beispiel 2c:

Um mit dem D-Moll-Arpeggio melodischere Ideen zu erzeugen, kannst du jederzeit rhythmische Variationen verwenden, um Interesse zu wecken. Beispiel 2d beginnt mit Triolen-Mustern, die Fragmente eines D-Moll-Akkords sind.

Beispiel 2d:

Um etwas mehr Interesse zu wecken, verwenden die folgenden Beispiele Dm9-Arpeggien. Das m9-Arpeggio hat einen „cooleren" Sound.

Die Verwendung des Moll-9-Arpeggios gibt uns eine zusätzliche Note (E) zum Spielen und gibt uns mehr Spielraum für interessante Linien. Der schnelle „Triller" in Takt Zwei unten ist ein echter Joe Passismus!

Beispiel 2e:

Beispiel 2f:

Dieser Lick zielt auf die Noten des Dm9-Arpeggios von einem Halbton darunter. Es erzeugt die Art von coolem Jazz-Sound, der mit Pat Martinos Spiel verbunden ist.

Beispiel 2g:

Als nächstes folgt ein aufsteigender Lick, der mit dem Fokus auf die F-Note eines G9-Akkords endet.

Beispiel 2h:

Dm6-Arpeggio-Licks

Das Dm6-Arpeggio klingt etwas *outside* und erzeugt eine schöne Spannung über dem G13-Akkord.

D minor 6th arpeggio 5th position

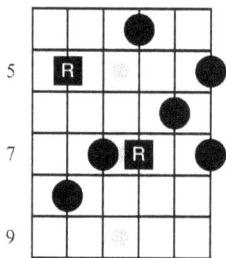

Persönlich gefällt mir der Klang der Sexte (6.) Dieser Lick springt einem direkt an die Kehle und präsentiert die 6. (eine B-Note) im ersten Takt, wenn deine Ohren eine C-Note am 8. Bund erwarten, dann wiederholt er sie eine Oktave tiefer in Takt Zwei.

Beispiel 2i:

Dieser Lick endet mit der Hervorhebung der 6.

Beispiel 2j:

Beispiel 2k endet mit einer starken Verbindung zurück zum Blues, da es sich auf die Terz im darunter liegenden G-Akkord konzentriert.

Beispiel 2k:

Beispiel 21 verwendet rhythmische Variation, um Bewegung und Interesse zu erzeugen. Um die Eröffnungsphrase effizient zu spielen, positioniere deinen Zeigefinger auf der A-Note auf dem ersten Saiten, 5. Bund, und lass die nächsten beiden Finger natürlich dahinter fallen, als ob du ein Fragment eines Dm7-Akkords spielen würdest. Spiel von der dritten bis zur ersten Saite und hämmere dann mit dem Ringfinger schnell auf die erste Saite auf dem 7. Bund. Dabei springst du mit dem Ringfinger über zwei Saiten.

Übe es langsam, um die Bewegung schön und fließend zu machen, bevor du schneller machst.

Beispiel 21:

Ich empfehle dir, all diese Arpeggio-Ideen über den mitgelieferten Backing-Track zu üben, denn es ist wichtig, diesen Sound in den Kopf zu bekommen. Dann, wenn du experimentierst, wirst du anfangen, dir deine eigenen Linien auszudenken.

D-Jazz-Moll-Lick:

Abschließend lass uns einige Linien betrachten, die mit der Jazz-Moll-Tonleiter erstellt werden können. (Dies ist eine Molltonleiter mit der Formel 1 2 b3 4 5 6 7). Diese Skala funktioniert besonders gut, wenn sie über unseren Blues-I-Akkord gelegt wird. Die D-Jazz-Moll-Tonleiter ist unten dargestellt:

D jazz minor scale 5th position

Hier sind nun einige Linien mit der D-Jazz-Moll-Tonleiter über G13.

Hör dir Brian Setzers Solo zum Song *Stray Cat Strut an* und du wirst ihn eine ähnliche Idee spielen hören.

Beispiel 2m:

Beispiel 2n beginnt mit einem sehr bekannten Jazz-Moll-Lick. Die Art und Weise, wie die Noten auf die Gitarre um eine D-Moll-Form fallen, schreit nur danach!

Beispiel 2n:

Dieser Lick verweist an mehreren Stellen auf eine E-Note. E ist die oberste Note eines Dm9-Akkords, der auf der fünften Position gespielt wird, und es ist dieser Dm9-Sound, den ich im Sinn habe.

Beispiel 2o:

Hier ist eine Idee, die horizontal über das Griffbrett steigt und einige weitere für Joe Pass so typische Triller beinhaltet.

Beispiel 2p:

Eine kurze Nebenbemerkung: Pat Martino ist ein Gitarrist, der dafür bekannt ist, Akkorde zu „*mollisieren*". Mit anderen Worten, er neigt dazu, von jedem Akkord, den er spielt, in Bezug auf die Molltonleiter zu denken. Das bedeutet, dass er, wenn er auf einen Dur-Akkord trifft, eine Substitution findet, die er verwenden kann, so dass er über diesem Dur-Akkord in einer Moll-Tonart spielt.

Auf einer Dur II-V-I-Sequenz, zum Beispiel Dm7, G7, Cmaj7, könnte er spielen:

* Dm7 = D-Moll-Linien

* G7 = D-Moll-Linien

* Cmaj7 = A-Moll-Linien

Er wird dann weitere kleine Substitutionen einführen, um die melodischen Möglichkeiten weiter zu erschließen.

Im nächsten Kapitel werden wir sehen, wie wir das Konzept, das wir gerade gelernt haben, auf jeden Akkord in einer Standard-Blues-Sequenz anwenden können.

Kapitel 3 – Anwendung der ersten Substitution auf jeden Akkord im Blues

In diesem Kapitel werden wir die erste Substitution auf die restlichen Akkorde im 12-taktigen Blues anwenden. Irgendwann wird die Anwendung dieses Konzepts dir in Fleisch und Blut übergehen und du wirst kaum an die Tatsache denken, dass du eine Substitution spielst – du wirst nur an die Linien denken, die du spielen willst – aber im Moment wird dieses Kapitel als praktische Referenz dienen.

1. Akkord IV des Blues

In der Tonart G ist der IV-Akkord C. Wieder einmal kannst du die Moll-Substitution identifizieren, indem du die Note findest, die eine reine Quinte darüber liegt. Oder du kannst sie finden, indem du fünf Töne die C-Dur-Tonleiter hinaufgehst:

Lokalisierung des Moll eine Quinte darüber

Der IV-Akkord wird in der Regel als C9 in einem Jazz-Blues gespielt. Nachfolgend findest du einige Voicings von C9 in verschiedenen Positionen auf dem Griffbrett.

Optionen für das Spielen über den C9-Akkord sind dann,

- Gm7-, Gm9- oder Gm6-Arpeggien

- Die G-Jazz-Moll-Tonleiter

Da du nun mit dem Kernkonzept vertraut bist, werde ich direkt zum Gm9-Arpeggio springen, da uns dies einige der interessantesten Notenoptionen präsentiert. Ich werde dieses Arpeggio auch in drei Positionen auf dem Griffbrett veranschaulichen. Ich empfehle dir, jedes dieser Stücke ein paar Mal durchzuspielen, um die Muster unter deine Finger zu bekommen, bevor du zu den Beispiel-Licks übergehst.

Gm9 erweitertes Arpeggio in drei Positionen:

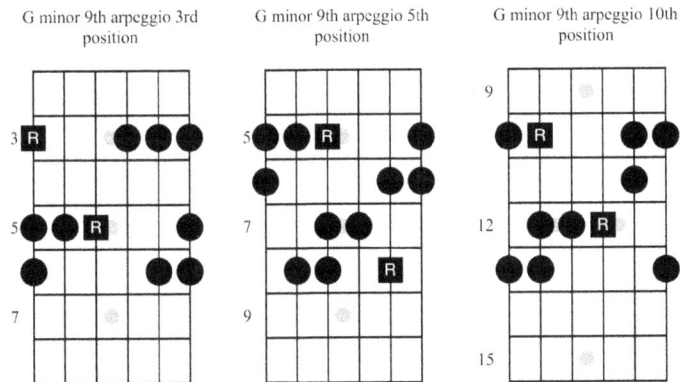

G minor 9th arpeggio 3rd position

G minor 9th arpeggio 5th position

G minor 9th arpeggio 10th position

Gm9-Arpeggio in dritter Position

Gm9-Arpeggio in fünfter Position

Hier sind nun einige musikalische Beispiele, die Gm9-Arpeggio-Ideen über einen C9-Akkord verwenden. Beispiel 3a beschreibt eine gängige Form, die wir verwenden könnten, wenn wir über einem G-Moll-Vamp spielen, aber weil wir diese Noten über einem C9-Vamp spielen, nehmen sie plötzlich einen coolen Jazz-Sound an.

Beispiel 3a:

Beispiel 3b ist ein ziemlich typischer pentatonischer Blues-Lick, der routinemäßig über einem G-Moll-Akkord klingen würde, aber eine interessantere Qualität annimmt, wenn er über C9 gespielt wird.

Beispiel 3b:

In Beispiel 3c deutet die Betonung der A-Note in den Takten 3 / 4 darauf hin, dass der darunter liegende Akkord ein C13 und nicht ein gerades C9 sein könnte.

Beispiel 3c:

Hier ist ein Lieblingslick von mir, den ich oft spiele. Diese Linie hebt die Note A wirklich hervor. Der Akkord ist C9, aber ich denke, dass Gm9 darüber gelegt ist.

Beispiel 3d:

G-Jazz-Moll-Tonleiter in drei Positionen:

Kommen wir nun noch einmal zur Jazz-Moll-Tonleiter. Unten habe ich Diagramme für G-Jazz-Moll in drei Positionen auf dem Griffbrett eingefügt, so dass du den größten Teil des Halses abdecken kannst.

G jazz minor scale 3rd position

G jazz minor scale 5th position

G jazz minor scale 7th position

G-Jazz-Moll-Tonleiter dritte Position

G-Jazz-Moll-Tonleiter fünfte Position

G-Jazz-Moll-Tonleiter siebte Position

Übe diese Tonleitern wieder, um die Formen unter deine Finger zu bekommen.

Hier sind nun einige Musikbeispiele mit der G-Jazz-Moll-Tonleiter über dem C9-Akkord. Mit den zusätzlichen Noten, die uns die Jazz-Moll bietet, können wir anfangen, interessantere Linien zu kreieren.

Hier ist der bekannte Jazz-Moll-Lick, der „outside" und dann „inside" klingt, da er eine Dissonanz erzeugt, die schnell aufgelöst wird.

Beispiel 3e:

Jim Hall ist einer meiner Lieblingsgitarristen und es gibt zwei Dinge, die mir an seinem Spiel auffallen.

Erstens kann es ziemlich spärlich sein. Du kannst Raum immer zu deinem Vorteil nutzen. In diesem Buch untersuchen wir Licks, es gibt also viele Noten – Stille ist aber auch ein großartiges Werkzeug!

Zweitens war Jim ein meisterhafter „Motiv"-Gitarrist. Er spielte eine einfache Phrase, wiederholte sie dann und passte sie dann an, um die darunter wechselnden Akkorde unterzubringen. Durch diesen Ansatz klingen seine Soli nie wie aneinandergereihte Licks – sie erzählen immer eine Geschichte. Hier ist eine kleine Hommage an Jims Stil.

Beispiel 3f:

Hier ist wieder der charakteristische Klang der Jazz-Moll. Spiele die Bewegung vom 6. bis zum 2. Bund und vom 2. bis 5. Bund, indem du deinen Zeigefinger bewegst.

Beispiel 3g:

Hier ist eine weitere von Jim Hall inspirierte Idee, wo das Geschichtenerzählen von der rhythmischen Wiederholung der Phrasen kommt.

Beispiel 3h:

2. Akkord V des Blues

In der Tonart G ist der V-Akkord D. Wir lokalisieren die Moll-Substitution, indem wir eine perfekte Quinte über D gehen, oder lokalisieren sie, indem wir fünf Töne auf der D-Dur-Tonleiter gehen:

Lokalisierung der Moll eine Quinte darüber

Unsere Moll-Substitution ist dieses Mal ein Am.

Für den V-Akkord von D9 konnten wir jede der zuvor illustrierten Akkordformen spielen, die zwei Bünde nach oben verschoben wurden. Aber es ist üblich, dem V-Akkord bei Interesse einige alterierte oder erweiterte Noten hinzuzufügen. Gut klingende Optionen sind D7#9, D7#9#5, D7b9 und D13, wie unten dargestellt.

D7#9 5th position

D7#9#5 5th position

D7b9 5th position

D13 5th position

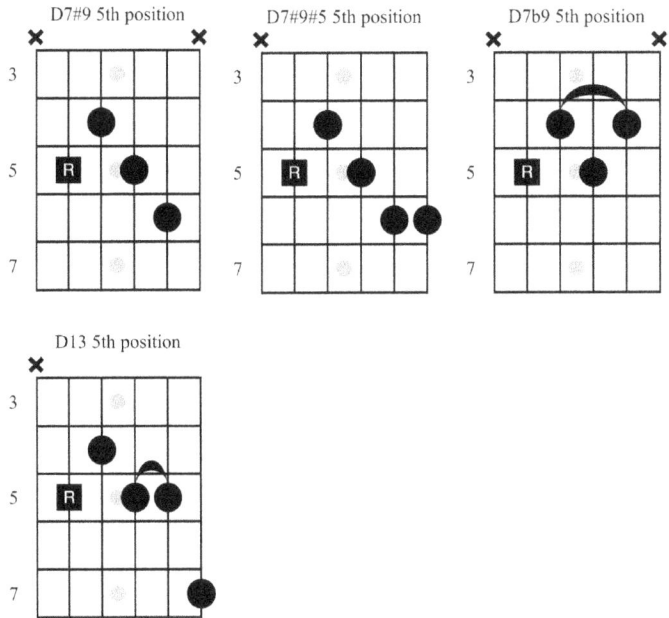

Optionen für das Spielen über den D9-Akkord sind Am7-, Am9- oder Am6-Arpeggien und die A-Jazz-Moll-Tonleiter. Das Am9-Arpeggio ist unten dargestellt.

Am9 erweitertes Arpeggio in drei Positionen:

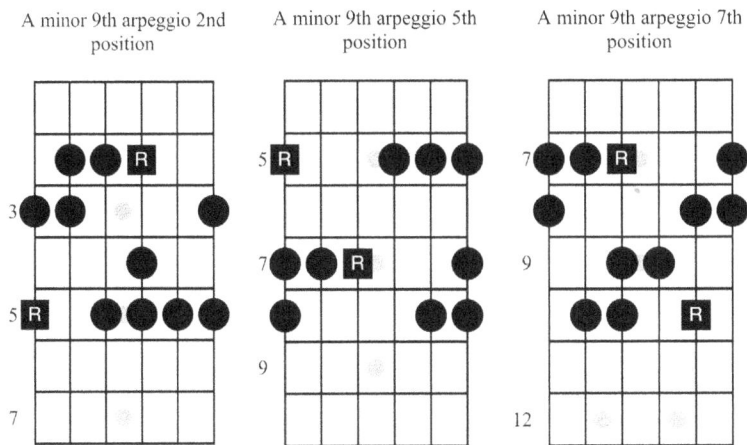

A minor 9th arpeggio 2nd position

A minor 9th arpeggio 5th position

A minor 9th arpeggio 7th position

Am9-Arpeggio auf zweiter Position:

Am9-Arpeggio auf fünfter Position:

Am9-Arpeggio auf siebter Position:

Alle Beispiel-Licks, die über dem C9-Akkord veranschaulicht wurden, funktionieren über dem D9-Akkord, indem sie zwei Bünde nach oben verschoben werden, aber hier sind ein paar weitere Beispiele. Sie präsentieren ein paar verschiedene Notenoptionen, einfach weil sie in einer anderen Position am Hals gespielt werden.

Dies veranschaulicht, warum es gut ist, Licks zu üben und Ideen in anderen Bereichen zu erforschen. Wenn wir in verschiedenen Teilen des Halses spielen, fallen bestimmte Töne leichter unter die Finger, und dadurch entstehen unterschiedliche Ideen.

Hier sind zwei Musikbeispiele mit einem Am9-Arpeggio über dem D9-Akkord. Beispiel 3i ist eine weitere Linie, die an etwas erinnert, das Jim Hall spielen könnte. Sie nimmt eine kleine Phrase und verwendet sie für Spannung und Entspannung.

Beispiel 3i:

Beispiel 3j nimmt mehrfach Bezug auf die A-Note auf der ersten Saite, 5. Bund, die sich mit der obersten Note des darunter liegenden D9-Akkords verbindet.

Beispiel 3j:

Lass uns abschließend noch einmal die Jazz-Moll-Tonleiter verwenden. Nachfolgend ist die A-Jazz-Moll in 3 Positionen dargestellt.

A jazz minor scale 5th position

A jazz minor scale 7th position

A jazz minor scale 9th position

A-Jazz-Moll-Tonleiter fünfte Position

A-Jazz-Moll-Tonleiter siebte Position

A-Jazz-Moll-Tonleiter neunte Position

Schließlich folgen einige musikalische Beispiele über den D9-Akkord mit der A-Jazz-Moll-Tonleiter. Beispiel 3k endet mit einer B-Note, was bedeutet, dass der Akkord, den wir darunter hören, ein D13 ist.

Beispiel 3k:

Ich weiß es zu schätzen, dass der D9-Akkord in einem G-Blues nicht fünf Takte gehalten wird! Aber hier ist eine längere Idee mit einigen schnelleren Passagen, um dein Denken darüber anzuregen, was du über diesen Akkord spielen kannst. Ich habe mit diesem Buch mehrere Backing-Tracks zur Verfügung gestellt und es gibt sowohl lange als auch kurze Vamps für jeden Akkord, mit denen du üben kannst.

Sobald du die Linien drauf hast, schlage ich vor, die langen Vamps auf Loop zu setzen und sie zu spielen, um sie auszuprobieren und neue Licks zu kreieren.

Beispiel 3l:

Im nächsten Kapitel werden wir alles, was wir bisher gelernt haben, zusammenfassen und sehen, wie diese erste Substitutionsidee über eine ganze Blues-Sequenz hinweg klingt.

Kapitel 4 – Fassen wir zusammen

Anwendung der ersten Substitution über die gesamte Blues-Sequenz

In diesem Kapitel werden wir alles, was bisher behandelt wurde, weiter festigen.

Bis jetzt waren alle musikalischen Beispiele in der Tonart G. Ich werde diese Tonart weiterhin verwenden, um Konzepte zu veranschaulichen, aber ich werde auch einige Beispiele in den Tonarten Bb, F und Eb liefern. Diese Tonarten sind im Jazz beliebt, da viele der Standard-Repertoire-Stücke von Bläsern geschrieben wurden, die es einfacher finden, in diesen Tonarten zu spielen. Es ist hilfreich, ein paar Licks in diesen Tonarten einfach drauf zu haben, falls du dich auf einem Gig mit einem Saxophon- oder Trompeterspieler befindest.

Darüber hinaus werde ich einige Songs in jeder der Tonarten empfehlen, damit du Abstand nehmen und zuhören kannst. Benutze sie, um zu jammen und auszuprobieren, was du bisher gelernt hast, sowie auf die mit diesem Buch mitgelieferten Backing-Tracks zu improvisieren.

Bevor wir weitermachen, empfehle ich dir, dir den Wes Montgomery Song *Cariba* aus seinem klassischen 1962er Album *Full House* anzuhören. Das Hauptthema dieser Melodie wird mit Akkordfragmenten gespielt. Wes verwendete die folgenden Moll-Akkordumkehrungen gerne:

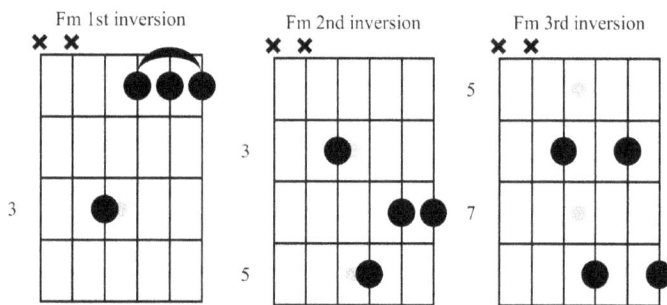

Wenn du dem Bassisten während des Hauptthemas (und der anschließenden Soli) auf *Cariba* zuhörst, wirst du feststellen, dass es sich bei dem Stück eigentlich um einen einfachen Blues mit drei Akkorden in Bb handelt. Wes konzentriert sich jedoch auf die Moll eine reine Quinte darüber (die Verschiebung von Bb7 nach Fm7). Wenn sich die Melodie auf den IV. Akkord von Eb7 bewegt, wiederholt Wes seine Phrase und verschiebt sie nach oben, um Bb-Moll-Akkordformen zu spielen (Eb7 = Bbm7).

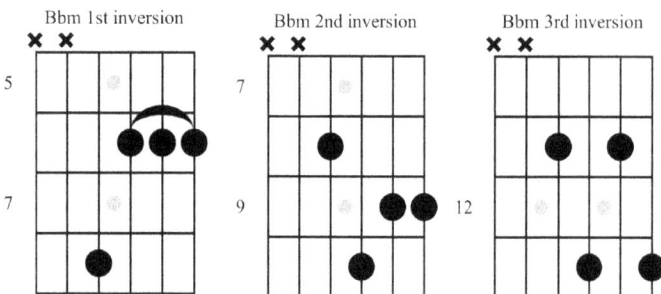

Cariba ist ein Mikrokosmos des Konzepts, über das wir gesprochen haben. Höre dir den Rest der Melodie an und du wirst hören, wie Wes' Bandkollegen hervorragend im Standard-Blues-Format spielen. Wes hat das letzte Solo, und wenn er an die Reihe kommt, sind seine Linien erkennbar in Moll, beeinflusst von seinen Substitutionen, aber mit gelegentlichen Blues-Licks.

Lass uns einige melodische Ideen erforschen, damit du das selbst ausprobieren kannst. Da wir gerade einen Blues in Bb erwähnt haben, fangen wir dort an. Nachfolgend findest du das Format, dem wir folgen werden:

Blues in Bb:

Höre dir den Backing-Track „Bb Blues (Ch4)" an. Benutze ihn, um zu jammen und die Licks auszuprobieren.

Lass uns das analysieren und in viertaktige Stücke zerlegen.

Die ersten vier Takte

Für die ersten vier Takte des Blues ist das tonale Hauptzentrum Bb13, so dass wir Ideen spielen werden, die aus einer F-Moll-Tonart stammen.

Dieser erste Lick deutet auf ein Fm9 hin, das über unserem Bb13 liegt, und er zielt auf einige der Grundtöne von einem Halbton darunter ab.

Beispiel 4a:

Hier ist ein Beispiel dafür, wie man einen typischen Blues-Lick mit einem Lick verschmelzen kann, der durch eine Substitution entsteht. Die erste Hälfte von Beispiel 4b ist Standard-Blues-Material. In der zweiten Hälfte denke ich an die Akkordformen Fm7 und Fm6 in Position 8.

Die überaus wichtige D-Note auf der ersten Saite, 10. Bund ist die „Zielnote" (target note), d.h. sie wird durch umgebende Noten chromatisch angespielt.

Beispiel 4b:

Hier ist eine aufsteigende Idee.

Beispiel 4c:

In Beispiel 4d schwebt die Linie zwischen einer einfachen bluesigen Idee in den ersten beiden Takten und einer jazzigen Moll-Linie in den nächsten beiden Takten.

Beispiel 4d:

Die nächsten vier Takte

Der nächste viertaktige Abschnitt beginnt mit dem Wechsel zum IV-Akkord (Eb9) für zwei Takte, bevor er für zwei Takte zum I-Akkord (Bb13) zurückkehrt. Aus diesem Grund können unsere Linien beide Tonarten umfassen, wenn wir wollen.

Wir können diese Akkordwechsel auf verschiedene Weise steuern. Die erste Idee unten konzentriert sich auf eine Bbm-Linie, bevor sie sich auf Bb7 auflöst. Das ist angenehm für das Ohr, denn es erzeugt eine einfache Spannung und löst sie schnell. Der Lick endet auf der großen Terz von Bb und signalisiert deutlich den Quellakkord.

Beispiel 4e:

Alternativ kannst du die Spannung aufrecht erhalten, indem du von Bbm-Linien auf Fm-Linien wechselst, so dass es keine sofortige Auflösung gibt.

Beispiel 4f:

In Beispiel 4g schlage ich F-Melodisch-Moll kurz in Takt Drei vor, aber dann gibt es eine klare Auflösung in Takt Vier, um uns wieder zu einem bluesigen Sound zu bringen.

Beispiel 4g:

Beispiel 4h ignoriert den Eb9-Akkord und behandelt diesen gesamten viertaktigen Abschnitt in Bezug auf das Bb13. Die Takte Eins und Zwei enthalten eine Fm7-Akkordformidee, während die Takte Drei und Vier eine F-Jazz-Moll-Phrase haben.

Beispiel 4h:

Die letzten 4 Takte

Der letzte viertaktige Abschnitt enthält drei Änderungen zur Navigation – die Bewegung vom V-Akkord (F9) zum IV-Akkord (Eb9), dann die Auflösung zurück zum I-Akkord (Bb13). Dies kann auf verschiedene Weise angegangen werden.

Das folgende Beispiel konzentriert sich auf den V-Akkord (F9), der eine Cm-Linie spielt. Es ignoriert die Änderung des IV-Akkords und navigiert stattdessen zurück zum I-Akkord (Bb13).

Beispiel 4i:

Beispiel 4j beschreibt sowohl den V-Akkord als auch den IV-Akkord, bevor er gelöst wird.

Beispiel 4j:

Wir können die Dinge aus dem entgegengesetzten Blickwinkel angehen. Wir können uns dafür entscheiden, einen bluesigen Bb-Moll/Dur-Pentatonik-Lick über die V-zu-IV-Sequenz zu spielen, aber dann in eine Substitutionslinie zu wechseln, wenn wir auf dem Bb13 landen, um uns auf den nächsten Chorus vorzubereiten.

Beispiel 4k:

Hier ist eine andere Linie, die die gleiche Idee nutzt.

Beispiel 4l:

Referenzmelodien

Diese Jazz-Blues-Stücke sind alle in der Tonart Bb. Hör sie dir an:

Tenor Madness (Sonny Rollins)

Blue Monk (Thelonius Monk)

Freddie Freeloader (Miles Davis)

F-Blues Beispiele

Das komfortable Spielen in allen Tonarten wird dich sicherlich zu einem vielseitigeren, buchbaren Musiker machen. Aber, wenn du jedes Konzept nimmst und es gründlich in anderen Tonarten erkundest – wie ich es dir empfehle – wirst du auch mit kreativen Licks aufwarten müssen, die du sonst nicht gespielt hättest. Versuche die folgenden Beispiele:

Hier ist eine motivbasierte Idee.

Beispiel 4m:

Hier ist eine weitere Motividee, die einfach darauf basiert, auf jede Note zurückzugehen.

Beispiel 4n:

Referenzmelodien

Hör dir an:

Billie's Bounce (Charlie Parker)

Things Ain't What They Used to Be (Duke Ellington)

Eb-Blues-Beispiele

Die folgenden Beispiele sind in Eb.

Beispiel 4o:

Beispiel 4p beginnt mit einer „überraschenden" Spannungsnote (Db), die sich chromatisch zu einem C auflöst. Letzteres könnte als die obere Note eines Eb13-Akkords angesehen werden.

Beispiel 4p:

Referenzmelodien

Hör dir an:

Sandu (Clifford Brown)

C-Blues-Beispiele

Beispiel 4q wird über die letzten vier Takte eines Blues in C gespielt. In Takt Eins spielen wir einen einfachen D-Jazz-Moll-Lick über dem G9-Akkord, wiederholen ihn mit einem Ton abwärts (C-Jazz-Moll über F9), dann spielen wir eine einfache C-Dur-Pentatonische Idee in Takt Drei.

Beispiel 4q:

In Beispiel 4r enthält Takt Drei eine einfache, aber schöne Idee, die Joe Pass oft spielte: einen Dur-Akkord mit aufsteigenden Dreiklängen zu verdeutlichen.

Beispiel 4r:

Referenzmelodien

Hör dir an:

Relaxin' at Camarillo (Charlie Parker)

C Jam Blues (Duke Ellington)

Bisher haben wir den Moll-Akkord, der ein Quinte über unseren Standard-Blues-Akkorden liegt, erkundet und Arpeggio-Muster und die Melodisch-Moll-Tonleiter verwendet. Im nächsten Kapitel werden wir uns mit zwei wichtigen Ideen zur Arpeggio-/Tonleiter-Substitution befassen.

Kapitel 5 – Akkordsubstitution #2 – Ideen zur Substitution von Dur-Tonleitern

In diesem Kapitel werden wir uns mit unserem zweiten zentralen Substitutionskonzept befassen. Noch einmal möchte ich dir helfen zu verstehen, wie du etwas, das du bereits kennst – diesmal Dur-Arpeggien und die Dur-Tonleiter – umwandeln kannst, um einige interessante Linien über die vertraute Blues-Sequenz zu erzeugen.

Ich werde in diesem Kapitel zwei wichtige Substitutionsansätze erläutern. Hier ist der erste:

Der „Tone Down"-Ansatz

Der erste ist die Verwendung von Dur-Dreiklängen oder Großen-7-Arpeggien *einen Ton unterhalb* jedes Akkords in der Blues-Sequenz. Zum Beispiel:

1. Über dem I-Akkord des Blues – G13 = F-Dur-Arpeggien

2. Über dem IV. Akkord des Blues – C9 = Bb-Dur-Arpeggien

3. Über dem V-Akkord des Blues – D9 = C-Dur-Arpeggien

Die Verschiebung eines Tones ist eine kleine Bewegung auf dem Gitarrenhals und eine, die leicht zu merken ist, aber sie stellt eine große Verschiebung der Tonalität dar.

So klingt ein FMaj7-Arpeggio über unserem G13-Akkord:

Beispiel 5a:

Ich denke, du wirst zustimmen, dass es einen coolen Sound produziert, der unverkennbar jazzig ist. Um ein wenig mehr darüber zu verstehen, warum diese Substitution funktioniert, können wir sie mit unserer ersten Substitution verknüpfen, von der wir bereits wissen, dass sie großartig klingt.

Über G13 haben wir Linien aus einer D-Moll-Tonart gespielt. F-Dur ist der III. Akkord in der Tonart D-Moll. Oder umgekehrt, D-Moll ist der VI-Akkord in der Tonart F-Dur. Mit anderen Worten, sie sind eng miteinander verbunden.

Die Akkorde Dm7 und Fmaj7 haben drei von vier Noten gemeinsam:

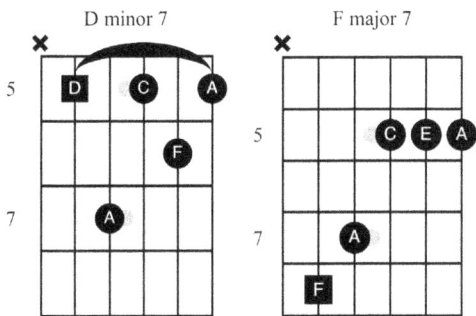

Die Dm7-Akkord-Aufschlüsselung ist D - F - A - C.

Die Fmaj7-Akkord-Aufschlüsselung ist F - A - C - E.

In den populären Akkord-Voicings oben wiederholen beide die A-Note.

Also, über den I-Akkord im Blues (G13) können wir F-Dur-Arpeggien spielen. Für meine Ohren sind es die Linien, die auf den großen 7.- oder großen 9.-Arpeggien basieren, die an die Jazzgitarren-Legenden erinnern.

Im vorherigen Kapitel erwähnte ich die Melodie *Cariba* von Wes Montgomery – ein Blues in Bb. Während der Melodie verwendet Wes auch die „Tone Down"-Substitution und spielt schöne Abmaj7-Arpeggien über dem I-Akkord von Bb7. Hör dir Beispiel 5b an, das ein Abmaj7-Arpeggio ist, das legato gespielt wird. Diese Art von Idee taucht oft in Wes' Spiel auf.

Es klingt schwieriger zu spielen, als es ist. Spiele die Ab-Note auf der vierten Saite, 6. Bund, mit dem Ringfinger, während dein Mittel- und Zeigefinger über dem 5. bzw. 4. Bund „schweben" – als ob du einen Teil eines geschichteten Abmaj7-Akkords greifen würdest. Dann führe mit deinem Plektrum einen Rake aus und slide deinen Zeigefinger vom 4. bis 3. Bund auf die zweite Saite. Spiele die hohe B-Note auf der ersten Saite, 6. Bund, jedes Mal mit deinem kleinen Finger.

Beispiel 5b:

Nun zurück zu unserer Beispieltonart G. Hier ist das F-Dur-Arpeggio, mit dem wir melodische Linien über unserem Blues I-Akkord erzeugen werden. Ich benutze ein Fmaj9-Arpeggio als Beispiel, da es das Fmaj7-Arpeggio enthält. Fmaj9-Akkord-Aufschlüsselung ist F - A - C - E - G

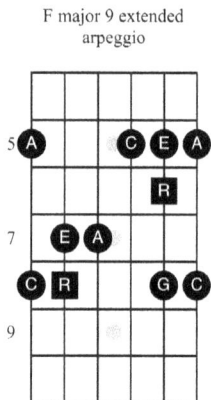

F major 9 extended arpeggio

Fmaj9-Arpeggio

Hier sind einige Beispiellinien, die dir helfen, dein Jazz-Vokabular zu erweitern. Diese erste Linie versucht nicht, sich aufzulösen, sondern betont immer wieder den Klang von Fmaj9 über G13.

Beispiel 5c:

Ausgehend von einer F-Dur-Tonart können wir einige „weiträumig" klingende Linien kreieren, die ein etwas moderneres Jazzgefühl an sich haben.

Beispiel 5d:

Hier ist eine weitere motivbasierte Idee, die einen sehr einfachen Lick nimmt und variiert.

Beispiel 5e:

Beispiel 5f ist eine Idee für Call and Response.

Beispiel 5f:

Dur eine Quarte darüber

Wie bereits erwähnt, gibt es natürlich musiktheoretische Erklärungen für alle Techniken in diesem Buch, aber mein Ziel hier ist die relative Einfachheit. Es gibt mehr als eine Möglichkeit, dieses nächste Konzept zu erklären, aber ich werde dir eine einfache Erklärung geben.

Wir können diese Substitution mit unserer *ersten Substitution in* Verbindung bringen, die in Kapitel Zwei behandelt wird. Wir haben gesehen, dass wir eine Molltonleiter ersetzen können, die eine reine Quinte über unserem Blues-Akkord liegt. D.h. wenn G13 unser I-Akkord ist, dann ist D-Moll unsere Ersatztonleiter. Aber D-Moll ist auch der II-Akkord in der Tonart C-Dur:

Dm7 der II-Akkord von C-Dur

Wenn du über eine Melodie in der Tonart D-Moll improvisieren würdest, dann würdest du wahrscheinlich Linien spielen, die eng mit der C-Dur-Tonleiter verwandt sind (abgesehen von dem gelegentlichen D-Moll-Pentatonik-Blues-Lick, den du vielleicht in den Mix werfen könntest). In gewisser Weise fischen wir im selben harmonischen Teich, nur *denken* wir jetzt in C-Dur und beziehen Ideen aus dieser Tonart.

Es macht dann Sinn, wenn man über den Akkord I des Blues spielt, seine Moll- und verwandten Dur-Linien in eine einzige zu verwandeln. Mit anderen Worten, um frei zwischen den Linien zu wechseln, die aus D-Moll-Tonleiter/-Argeggien und C-Dur-Tonleiter/-Argeggien gezeichnet wurden.

Mal sehen, wie diese Substitution über unserem Blues I-Akkord von G13 klingt. Um einige melodische Linien zu demonstrieren, werde ich dieses erweiterte C-Dur-Tonleitermuster verwenden:

Extended C Major Scale

NB: Wenn du in die nächste Oktave der Tonleiter aufsteigst, ist es gut, einen bequemen Übergang zu finden (der Punkt, an dem du Positionen auf dem Griffbrett verschieben musst). Das obige Beispiel passt zu mir, aber du kannst es dir vielleicht angenehmer machen, einen anderen Übergang zu spielen. Hier ist das gleiche Muster in Notation und TAB:

Schauen wir uns nun einige Musikbeispiele an, die diese erweiterte Dur-Tonleiter über den I-Akkord unseres Blues, G13, verwenden:

Beispiel 5g:

Hier ist eine Idee, die von Wes Montgomerys Oktavarbeit inspiriert wurde.

Beispiel 5h:

Beispiel 5i steigt die erweiterte C-Dur-Tonleiter nach unten, die auf einem E endet, der als oberster Ton eines G13-Akkords gesehen werden kann.

Beispiel 5i:

Abschließend möchte ich noch auf eine 1/16-Noten-Idee eingehen, die chromatische Noten verwendet, um die C-Dur-Töne zu erfassen. Sie endet mit einer D-Note, die auf einen darunter liegenden G9-Akkord hinweist.

Beispiel 5j:

Im nächsten Kapitel werden wir sehen, wie wir diese Ideen auf jeden Akkord der Blues-Sequenz anwenden können.

Kapitel 6 - Anwenden der Substitution #2 auf jeden Akkord im Blues

Wir haben uns zwei verschiedene große Substitutionsideen angesehen und sie auf den I-Akkord des Blues angewendet. Nun wenden wir sie auf den Rest der Blues-Sequenz an.

Akkord IV des Blues

In unserem Beispiel ist der Blues in der Tonart G, der IV-Akkord C, üblicherweise als C9 gespielt. Wir haben im vorherigen Kapitel festgestellt, dass unsere wichtigsten Substitutionsmöglichkeiten folgende sind:

1. Dur-Arpeggien werden einen Ton tiefer. C9 = Bbmaj9/maj7-Arpeggien.

2. Die Dur-Tonleiter befindet sich eine Quarte darüber. C9 = F-Dur.

Schauen wir uns jede von ihnen nacheinander an.

1. Der „Tone Down"-Ansatz

Mach dich zunächst mit diesen Bbmaj9-Arpeggien in drei Positionen auf dem Griffbrett vertraut. Mein Tipp beim Erkunden von Arpeggien ist, sie ein paar Mal auf und ab zu laufen, um den Klang in deinen Kopf zu bekommen, aber mach das nicht *nur*, sonst klingen sie am Ende wie eine Übung. Achte auf die *inneren Linien* und Formen, die sich dir präsentieren. Spiele mit den Noten herum und schau, welche Licks unter deine Finger fallen. Hier sind die Formen:

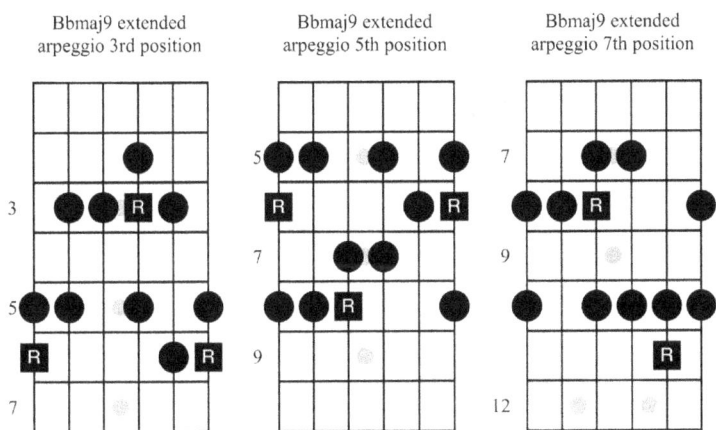

Bbmaj9 extended arpeggio 3rd position / Bbmaj9 extended arpeggio 5th position / Bbmaj9 extended arpeggio 7th position

Bbmaj9-Arpeggio 3. Position

Bbmaj9-Arpeggio 5. Position

Bbmaj9-Arpeggio 7. Position

Hier sind nun einige Beispiellinien mit Bbmaj7- und Bbmaj9-Arpeggien über einem C9-Akkord. Mein Lieblingslick taucht in der zweiten Hälfte von Beispiel 6a wieder auf.

Beispiel 6a:

Beispiel 6b verwendet ein aufsteigendes Muster, dann steigt es mit Triolen ab, um es rhythmisch interessant zu machen.

Ein einfacher, aber hochwirksamer Ansatz ist es, Arpeggien sehr deutlich zu spielen und sie mit Umkehrungen entlang des Halses zu bewegen. Der untenstehende Lick klingt bei diesem Ansatz nicht klischeehaft, da wir einen Akkord durch einen anderen ersetzen.

Beispiel 6c:

Beispiel 6d ist auch eine sehr einfache Idee, daher ist es das Ziel, die Phrasierung so emotional wie möglich zu gestalten. Hör dir das Audiobeispiel an und du wirst hören, dass ich bewusst faul in meiner Phrasierung bin, um ihm einen wehmütigen Klang zu verleihen.

Beispiel 6d:

2. Dur-Tonleiter/-Argeggien eine Quarte darüber

Betrachten wir nun einige Beispiele mit der F-Dur-Tonleiter, die sich eine Quarte über unserem Quellakkord von C9 befindet.

Nachfolgend habe ich ein erweitertes F-Dur-Tonleitermuster veranschaulicht. Da sich der Grundton von F-Dur auf dem ersten Bund der 6. Saite befindet, ist es einfach, ein erweitertes Tonleitermuster zu konstruieren, das sich über das Griffbrett erstreckt. Noch einmal, ich habe willkürlich meine eigenen Übergangspunkte ausgewählt, um Saiten zu springen und den Hals entlang zu bewegen, aber es gibt viele weitere Optionen und du kannst aussuchen, womit du dich wohl fühlst.

Ich nenne dies ein tonleiterbasiertes Muster, weil du feststellen wirst, dass es gelegentlich eine Note überspringt, die du normalerweise spielen würdest, wenn du nur darauf abzielst, die Dur-Tonleiter von einem Punkt zum anderen zu spielen. In diesem Beispiel möchte ich jedoch, dass du siehst, wie du den Hals leicht überspannen kannst, indem du in die nächste Position gleitest. Hier ist das Muster:

Extended F Major Scale

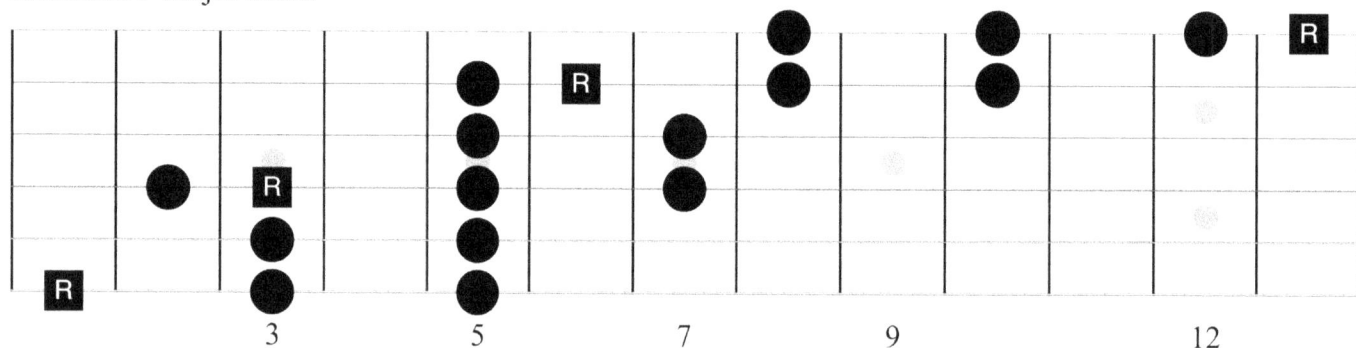

Auf der sechsten Saite wird der Grundton mit dem Zeigefinger und die zweite Note mit dem Ringfinger gespielt. Die dritte Note wird gespielt, indem man mit dem Ringfinger wieder in sie hineinslidet und die Position der Hand für die folgenden Noten festlegt. Das gleiche Sliden tritt bei der vierten Saite auf, die vom fünften bis siebten Bund slidet; wieder auf der zweiten Saite, die vom achten bis zehnten Bund slidet; und schließlich auf der ersten Saite vom achten bis zehnten Bund. Dies wird in der folgenden TAB/Notation veranschaulicht, die die Slides und die Griffweise zeigt, die du verwenden solltest:

F-Dur-Tonleiter von Bund 1 bis 13

Hier ist ein alternatives F-Dur-Tonleitermuster, das ich sehr gerne verwende, nur weil es eine natürliche Symmetrie mit sich wiederholenden Formen hat:

Extended F Major Scale

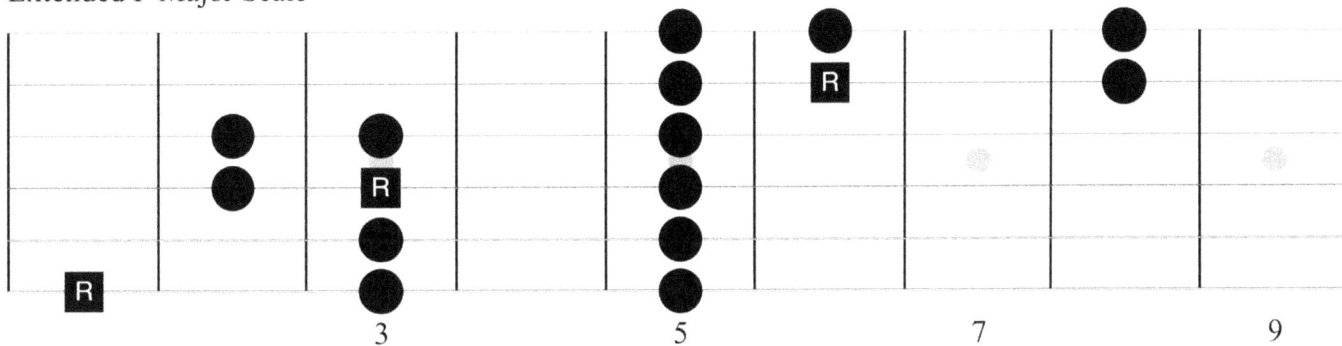

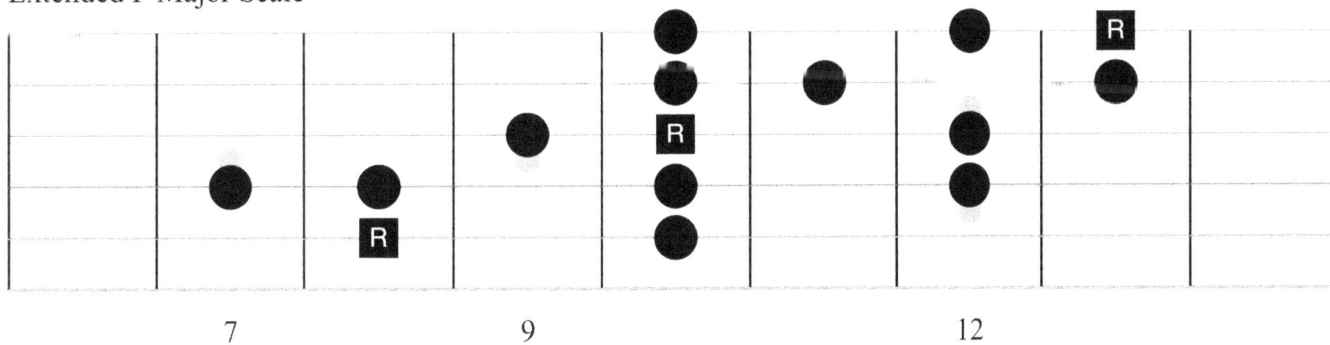

3   5   7   9

Hier ist das Muster in TAB und Notation:

Erweitertes F-Dur-Tonleitermuster

Diese erweiterte F-Dur-Tonleiter beginnt mit einer F-Note auf der fünften Saite, 8. Bund, und steigt bis zum hohen F auf dem 13. Bund.

Extended F Major Scale

7   9   12

Einige der gebräuchlichsten horizontalen Dur-Tonleiter-Enclosures werden auch einige wirklich schöne Licks ergeben, wie dieses an fünfter Position:

F Major scale 5th position

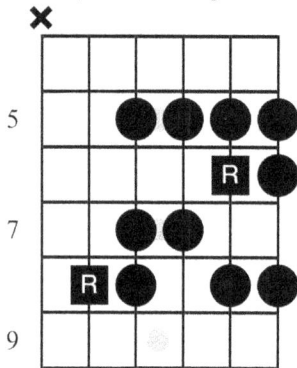

Nun sind hier einige Beispiele für Licks, die aus allen obigen Mustern gezogen wurden.

Beispiel 6e kehrt beim Absteigen auf sich selbst zurück.

Beispiel 6e:

Beispiel 6f nutzt die Tatsache, dass unsere erweiterte F-Dur-Tonleiter mit 2- oder 3-Noten-pro-Saite-Mustern gespielt werden kann, was das Spielen von Triolen erleichtert.

Beispiel 6f:

Die großen Jazzgitarristen haben alle die Fähigkeit, auf den Punkt zu spielen. Mit anderen Worten, ganz im Groove aufzugehen und gleichzeitig mit viel Swing zu spielen. Es kann einige Zeit dauern, bis das Timing entwickelt ist, um auf diese Weise zu spielen, und es kommt häufig vor, dass die Musiker ihre Phrasen überstürzen, also schlage ich vor, zunächst bewusst laid-back zu spielen, so dass man immer leicht hinter dem Beat zurückbleibt (Die beste Art, dein Timing zu entwickeln, ist, sich selbst aufzunehmen und kritisch zuzuhören, wie du spielst.).

Als ich anfing, dies zu tun, war ich entsetzt über mein schreckliches Timing! Je mehr du es jedoch tust, desto mehr lernst du, wo du Noten im Verhältnis zum Beat platzieren kannst (Es ist der schnellste Weg, den ich kenne, um sich zu verbessern). Beispiel 6g ist eine Linie, die leicht hinter dem Beat gespielt wird.

Beispiel 6g:

Einer der besten Ratschläge, die ich je über die Phrasierung erhalten habe, kam von Adrian Ingram, der mir einfach sagte: „Geh und hör dir ein paar Bläser an!" Mit anderen Worten, wenn du Phrasen spielst, atme ein, denn das ist es, was Bläser tun müssen. Beispiel 6h ist eine Zeile mit einer Atempause in der Mitte.

Beispiel 6h:

2. Akkord V des Blues

In der Tonart G ist unser V-Akkord D. Unsere Ersatz-Dur-Linien kommen aus:

1. einem Ton tiefer – D9 = C-Dur-Arpeggien

2. einer Quarte höher – D9 = G-Dur-Tonleiter

Alle Ideen, die wir bisher erörtert haben, werden für den D9-Akkord funktionieren, indem sie auf dem Griffbrett einen Ton nach oben verschoben werden, aber der Vollständigkeit halber werde ich diese Arpeggien und Tonleitern veranschaulichen.

Cmaj9 extended arpeggio 3rd position

Cmaj9 extended arpeggio 5th position

Cmaj9 extended arpeggio 7th position

Cmaj9-Arpeggio 3. Position

Cmaj9-Arpeggio 5. Position

Cmaj9-Arpeggio 7. Position

Hier ist nun die G-Dur-Tonleiter, die sich wieder über den Hals erstreckt.

Extended G Major Scale

Erweitertes G-Dur-Tonleitermuster

Extended G Major Scale

9   12   15

Erweitertes G-Dur-Tonleitermuster

Nennen wir diese letzte Tonleiter eine „angepasste" G-Dur-Tonleiter-basierte Linie. Es ist ein großartiges symmetrisches Muster, das ich häufig verwende, weil es so einfach auf und ab zu laufen ist. Es ist auch schön, dies als Triole mit *Hammer-Ons zu* spielen (aber zeig mich nicht bei der Jazzpolizei an, weil ich nicht jede Note gezupft habe, sonst werde ich in die Zelle neben John Scofield geworfen!).

Extended G Major Scale

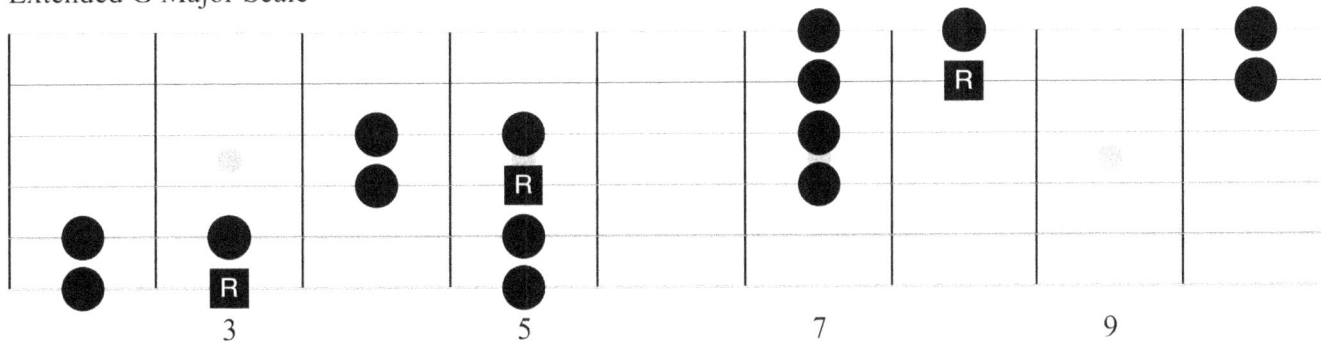

Erweitertes G-Dur-Tonleitermuster

Wir schließen dieses Kapitel mit einigen exemplarischen Licks, die aus Cmaj9-Arpeggien und der G-Dur-Tonleiter stammen. Beispiel 6i betont die B-Note von einem Cmaj9-Arpeggio durchweg.

Beispiel 6i:

Beispiel 6j beginnt mit der Art von Idee, die Joe Pass favorisierte.

Beispiel 6j:

Schließlich gibt es noch eine Idee, die unser „maßgeschneidertes" G-Dur-Tonleitermuster in Triolen verwendet. Es ist aufgrund seines sich wiederholenden Musters ziemlich einfach auszuführen, aber sehr effektiv über dem D9-Akkord.

Beispiel 6k:

Im folgenden Kapitel werden wir die wichtigsten Substitutionskonzepte, die wir gelernt haben, zusammenfassen und über die gesamte Blues-Sequenz spielen.

Kapitel 7 – Fassen wir zusammen

Anwendung der zweiten Substitution über der Blues-Sequenz

Wir haben gerade zwei weitere Substitutionsideen erforscht: Dur7/Dur 9-Arpeggien einen Ton tiefer als unser Quellakkord zu ersetzen, und die Dur-Tonleiter mit einer Quarte darüber. Jetzt werden wir daran arbeiten, diese Konzepte auf die volle Blues-Sequenz anzuwenden.

Wir werden unsere Blues-Sequenz in viertaktige Stücke aufteilen und uns jeden Abschnitt nacheinander ansehen. Wir arbeiten wieder in der Tonart G.

Die ersten 4 Takte

Unsere ersten vier Takte sind: G13 - C9 - G13 - G13

Unser tonales Zentrum ist überwiegend G-Dominant, und unsere Optionen für Linien sind folgende:

1. Dur-Arpeggien ein Ton tiefer – G13 = Fmaj7 oder Fmaj9

2. Dur-Tonleiter eine Quarte darüber – G13 = C-Dur

Hier sind einige Linien, die aus diesen beiden Substitutionen gezogen wurden. Diese erste Linie steigt auf eine F-Dur-Phrase und dann auf die C-Dur-Tonleiter:

Beispiel 7a:

Die ersten beiden Takte von Beispiel 7b kombinieren Fmaj7- und Fmaj9-Arpeggio-Ideen. Die nächsten beiden Takte stammen aus der bekannten „geschichteten" Cmaj7-Form, in der 7. Position gespielt.

Beispiel 7b:

Die ganze Linie ist um C-Dur herum aufgebaut, aber mit einer chromatischen Note als Glücksbringer!

Beispiel 7c:

Hier ist eine Call-and-Response-Linie im Stil von Wes, der seine Linien oft mit Triolen-Ideen begann, die Energie und Interesse in seine Soli brachten.

Beispiel 7d:

Die nächsten vier Takte

Unsere nächsten vier Takte sind: C9 - C9 - G13 - G13

Über den C9-Akkord sind unsere Optionen für Ersatzlinien:

1. Dur-Arpeggien ein Ton tiefer – C9 = Bbmaj7 oder Bbmaj9

2. Dur-Tonleiter eine Quarte darüber – C9 = F-Dur

Unser zweiter Teil der Blues-Sequenz enthält Übergangstakte, d. h. die Bewegung vom IV-Akkord zum I-Akkord. Wie wir in Kapitel Vier besprochen haben, können unsere Linien diese Veränderung entweder annehmen und umreißen oder ignorieren, je nachdem, welchen musikalischen Effekt wir erzielen wollen.

Hier sind einige Beispiellinien, von denen einige die Veränderung umfassen und andere, die sie durchspielen.

In Beispiel 7e ist die Phrase in Takt Eins aus einem Bbmaj7-Akkord aufgebaut, und die Phrase in Takt Zwei aus einem Fmaj7-Akkord – und erzeugt einen fast „outside" Klang. Die restlichen beiden Takte versuchen, die Spannung zu lösen.

Beispiel 7e:

Dieser Lick ist fast vollständig aus dem üblichen Fmaj7-Akkord aufgebaut, der als 5. Position gespielt wird. Ich habe ein paar chromatische Noten hinzugefügt und die Linie ignoriert den Akkordwechsel und konzentriert sich dabei auf F-Dur.

Beispiel 7f:

Beispiel 7g verwendet die gleiche Form wie das vorherige Beispiel und hebt erneut die E-Note hervor, die auf dem G13-Akkord liegt.

Beispiel 7g:

Beispiel 7h beginnt mit der Aufschlüsselung eines Bbmaj7-Arpeggios über dem C9-Akkord und verwendet dann eine sich wiederholende C-Dur-Tonleiter über dem G13.

Beispiel 7h:

Die letzten vier Takte

Wir wissen, dass die letzten vier Takte drei Akkordwechsel enthalten, die es zu navigieren gilt, wenn die Sequenz vom V-Akkord (D9) über den IV-Akkord (C9) bis zum I-Akkord (G13) geht. Welche Möglichkeiten haben wir also, Substitutions-Linien zu spielen? Erinnern wir uns:

1. Über den V-Akkord von D9 können wir Folgendes spielen:

• Dur-Arpeggien ein Ton tiefer = Cmaj7-, Cmaj9-Arpeggio-Linien, oder

• Dur-Tonleiter eine Quarte darüber = G-Dur-Tonleiter

2. Über den IV. Akkord von C9:

• Dur-Arpeggien einen Ton tiefer = Bbmaj7-, Bbmaj9-Arpeggio-Linien, oder

• Dur-Tonleiter eine Quarte darüber = F-Dur-Tonleiter

Beachte, dass wir eine ganze Reihe von melodischen Optionen zur Auswahl haben, sowie das einfache Überspielen der Wechsel mit G-Dur/Moll-Pentatonik (oder einer unserer vorherigen Substitutionen). Um nicht durch die Anzahl der Optionen verwirrt zu werden, schlage ich vor, die Dinge einfach zu halten und mit nur einer Option pro Viertakt-Sequenz zu experimentieren und diesen Klang in deinen Kopf *einzubetten*.

Denke daran, dass es unser Ziel ist, dein Vokabular an brauchbaren, melodischen Jazz-Linien zu erweitern und dich darin zu trainieren, sie zu hören und dann zu *spielen*.

Hier sind einige Beispiele, die dir den Einstieg erleichtern sollen.

Beispiel 7i ersetzt eine Cmaj7-Linie über dem D9-Akkord, setzt die Cmaj7-Linie über dem C9 fort und landet auf einer G-Note, um dem Zuhörer zu sagen, dass wir wieder am I-Akkord angekommen sind. Beachte die F-Note, die sich in diesen Lick eingeschlichen hat und die gegen die E-Note der Cmaj7-Linie triumphiert. Dieser Schurke F, der nicht in ein Cmaj7-Arpeggio gehört, kann als von der G-Moll-Pentatonik-Tonleiter stammend angesehen werden, aber da er in unserer Sequenz auf dem C9-Akkord landet, deutet dies darauf hin, dass der zugrunde liegende Akkord ein C11 sein könnte.

Beispiel 7i:

Beispiel 7i nimmt die gleiche Linie, kehrt aber wieder auf sich selbst zurück, um zu unserer Zielnote G aufzusteigen.

Beispiel 7j:

Beispiel 7k verwendet einen bekannten Cmaj7-förmigen Lick an der 8. Position mit ein paar eingeworfenen chromatischen Noten, bevor er mit einem G-Dur-Pentatonischen Lick in das vertraute Bluesgebiet absteigt.

Beispiel 7k:

Beispiel 7l ist eine Cmaj7-Linie, die den Hals hochklettert und aufsteigt, während die Akkorde absteigen.

Beispiel 7l:

Lass uns nun mit einer anderen Substitution experimentieren. Diesmal spielen wir einige Ersatzlinien über den IV-Akkord von C9, wobei die anderen Akkorde unverändert bleiben. Denke daran, dass unsere Optionen über den C9-Akkord entweder *F-Dur* oder *B-Dur*-Tonarten sind.

Beispiel 7m beginnt mit einem kurzen G-Dur pentatonischen Blues-Lick, spielt dann ein Bbmaj7-Arpeggio über den C9-Akkord, bevor es sich zu einem anderen pentatonischen Lick auflöst.

Beispiel 7m:

Beispiel 7n spielt einen einfachen eröffnenden G-Dur-Lick, gefolgt von einem 1/16-Notenlauf, der einen Fmaj7-Akkord umreißt und sich schließlich in eine G-Note auflöst.

Beispiel 7n:

Dieses nächste Beispiel beginnt mit der gleichen Eröffnungslinie wie Beispiel 8n und beinhaltet dann eine Triolen-Idee, die einen Bbmaj7-Akkord umreißt, gefolgt von einem Fmaj7-Akkord gegen das C9.

Beispiel 7o:

Schließlich noch ein paar Linien, die mehr als eine Substitution kombinieren. Die erste Linie beginnt mit einem Cmaj7-Lick über dem D9-Akkord, wiederholt dann ein Fragment des Maj7-Akkords und fällt chromatisch den Hals hinunter. Wenn wir den C9-Akkord erreichen, spielen wir einen Bbmaj7-Lick, und die Linie löst sich schließlich in G auf, um mit einem vertrauten Blues-Lick zu enden.

Der Lick klingt (und wirkt auf dem Papier) beeindruckender, als er wirklich ist. Halte in Takt Zwei das dreiteilige Akkordfragment durch. „Rake" es durch und schiebe deinen ersten Finger jedes Mal einen Bund nach unten. Übe dies langsam, um zu einer fließenden Bewegung zu kommen.

Beispiel 7p:

Dieses nächste Beispiel verwendet die Quarten-Substitution, um Gmaj7 über den D9 Akkord zu skizzieren, dann folgt Fmaj7 über den C9 Akkord. Er ruht kurz auf einer E-Note (der oberste Ton unseres G13-Akkords in der dritten Position), bevor er in eine B-Note (die große Terz des I-Akkords) übergeht.

Beispiel 7q:

Beispiel 8r verschmilzt einen C-Dur/D-Moll-Lick über dem D9-Akkord und wiederholt das Muster mit B-Dur/C-Moll über dem C9-Akkord, bevor es zu einer bluesigen pentatonischen Dur-Idee über dem G13 führt.

Beispiel 7r:

Schließlich ist hier eine einfachere Linie, die im C-Dur-Bereich bleibt, aber einige chromatische Annäherungsnoten hinzufügt, bevor sie in den I-Akkord, G13, aufgelöst wird.

Beispiel 7s:

Bevor wir zum nächsten Kapitel übergehen, habe ich als kleine Nebenbemerkung noch eine weitere Sache zu erwähnen. Diese Substitutionen können sowohl über einen *Moll-Blues* als auch über einen Dur-Blues sehr gut funktionieren und einige wirklich coole Spannungsnoten erzeugen.

Vielleicht kennst du den Klassiker *Comin' Home Baby* – ein G-Moll-Blues. Ursprünglich ein Instrumental, wurde die berühmteste Version von Sänger Mel Tormé aufgenommen, nachdem der Text hinzugefügt wurden. Seitdem zierte er viele TV-Soundtracks und Werbungen. Hier sind die Akkordwechsel:

Der Song beginnt mit einem Gm7 und wechselt wie erwartet zu Cm7 (obwohl einige Versionen einen Eb7-Akkord für das Cm7 ersetzen). Dann, anstatt zum erwarteten V-Akkord von D7 zu gehen, gravitiert eine chromatische Sequenz zurück zum Gm7 (Bb7, A7 und Ab7). Das Ab7 ist eine Tritonussubstitution – die b5 von D7).

Bei dieser Melodie kannst du spielen:

1. F-Dur-Tonleiter/-Arpeggien über dem I-Akkord von Gm7

2. Bb-Dur über den II. Akkord von Cm7

3. Wenn du mit der Version spielst, die Eb7 statt Cm7 als zweiten Akkord hat, klingen Bbm-Linien darüber großartig (die Moll-Quinte darüber).

4. Für den chromatischen Abstieg zurück nach Gm7 funktionieren gewöhnliche pentatonische Blues-Licks wirklich gut.

Höre dir diese F-Dur-Linie über dem Gm7-Akkord an. Sie erzeugt einen schönen offenen Klang mit viel Bewegung, aber sie wird sich nicht auflösen, wenn man nicht in einen G-Moll-Pentatonik-Lick zurückfällt.

Beispiel 7t: F-Dur über Gm9-Akkord

Nimm dir etwas Zeit, um einige Jazz-Blues-Songs von verschiedenen Gitarristen zu hören und um zu erforschen, welchen Ansatz sie bei der Improvisation über die Akkordfolgen verfolgen. Du wirst höchstwahrscheinlich in der Lage sein, Linien zu identifizieren, die aus den Techniken stammen, die wir besprochen haben. Wenn du eine Linie hörst, die dir gefällt, isoliere diese eine Linie und versuche, sie nach Gehör zu lernen. Dann schau, ob du feststellen kannst, welche Art von Substitution der Gitarrist verwendet. Es ist ein echter Moment der Erleuchtung, wenn man eine schöne Linie hört, sie lernt und dann den Gedankengang des Gitarristen dahinter sehen kann.

Im nächsten Kapitel dieses Buches erforschen wir ein paar weitere Ideen, um das bereits Gelernte aufzupeppen, dann werden wir diese Konzepte über die gesamte Blues-Sequenz in die Praxis umsetzen.

Kapitel 8 – Weitere kreative Konzepte

In Kapitel Neun gehen wir drei Blues-Stücke in voller Länge und in verschiedenen Tonarten an und kombinieren alle musikalischen Ideen, die wir unserem Arsenal hinzugefügt haben. Bevor wir das tun, möchte ich dir ein paar weitere kreative Ideen zeigen, von denen ich hoffe, dass sie dir helfen werden, das Beste aus dem Spielen über unsere einfache Blues-Sequenz mit drei Akkorden herauszuholen.

Wichtiger Hinweis: Vergessen wir nicht, dass alle Ideen und Konzepte in diesem Buch nur aus einem Grund hier sind: *Barrieren in deinem Spiel abzubauen, um ein Ziel der frei fließenden Improvisation zu erreichen.* Ziel ist es, kreative Ideen, Wissen und Technik zusammenzubringen, um all das zu vergessen und einfach zu spielen, was man in seinem Kopf hört.

Der große Jazzgitarrist Jimmy Bruno sagte einmal: „Auf der Bühne spricht niemand davon, welche Tonleiter über einem Akkord gespielt werden soll!" Mit anderen Worten, in realen Spielsituationen sollten wir uns in erster Linie darum kümmern, eine überzeugende Geschichte durch unser Spiel zu erzählen und nicht versuchen, clevere Linien zu demonstrieren. Ich werde jetzt aufhören, Volksreden zu halten!

Hier sind also einige Ideen, um die Substitutionslinien, die du gelernt hast, noch weiter zu verstärken:

1. Chromatische Noten

Ich habe Jazzgitarristen darüber sprechen hören, dass „jede Note" in einer bestimmten Position eine Option beim Improvisieren ist. Lass mich veranschaulichen, was damit gemeint ist und wie du es auf dein Spiel anwenden kannst.

Eine der Ideen, die wir im vorherigen Kapitel untersucht haben, war es, die Dur-Tonleiter durch die Quarte über einem bestimmten Akkord zu ersetzen. Nehmen wir den I-Akkord, den wir benutzt haben, G13. Unsere Substitution ist die C-Dur-Tonleiter.

Betrachte diese einzelne Oktave, wie sie die C-Dur-Tonleiter in der fünften Position absteigt:

One octave C Major scale

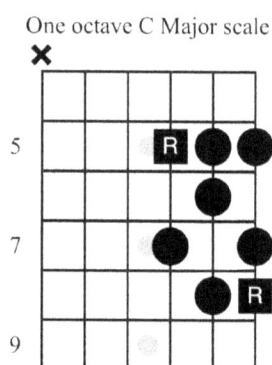

Schauen wir es uns noch einmal an, aber füge jede mögliche Note zwischen der Anfangsnote und der Endnote ein, ohne deine Handposition zu verändern.

C Major with chromatic notes added

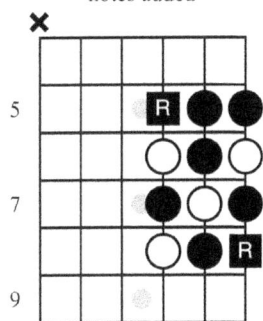

Der Effekt dieser Phrase ist, dass wir unserer C-Dur-Tonleiter vier chromatische Töne hinzugefügt haben (dargestellt als hohle Kreise), was uns quasi eine 12-Ton-Tonleiter zum Spielen gibt. Durch die Verwendung dieser chromatischen Noten können wir beginnen, einige wirklich interessante Linien zu erzeugen, die auf der Standardform C-Dur basieren, die wir so gut kennen. Ich denke, du wirst mir zustimmen, dass du ohne großen Aufwand einige wirklich cool klingende Bebop-Linien über unserem G13-Akkord erreichen kannst.

„Aber", höre ich dich protestieren, „bedeutet das nicht, dass man *jede einzelne Note* einfach von einem Punkt zum anderen spielen kann?" Ja, das könntest du, aber es würde nicht sehr musikalisch klingen! Ich empfehle dir, dir Zeit zu nehmen, um diese zusätzlichen Noten zu erkunden und zu sehen, wie du sie nutzen kannst, um die Tonleitertöne gezielt einzusetzen. In dieser Erkundung findest du die Licks und Phrasen, die dich wirklich ansprechen und die *deine* musikalische Persönlichkeit ausdrücken können. Der Trick bei dieser Technik besteht darin, das Standard-Dur-Tonleitermuster am Hals *zu visualisieren* und alle chromatischen Noten zu verwenden, die du fühlst, um die Punkte zu verbinden.

Hier sind einige viertaktige Phrasenbeispiele, die zeigen, was du mit dieser Technik erreichen kannst.

Beispiel 8a:

Inmitten der Flut von chromatischen Noten versuche ich immer, wichtige Akkordtöne auf den Taktschlag zu setzen und sie etwas mehr hervorzuheben als die Annäherungsnoten.

Beispiel 8b:

Beispiel 8c nutzt die Spannung, die von einer „outside" klingenden vorletzten Note erzeugt wird, bevor sie sich in einen Akkordton auflöst.

Beispiel 8c:

Hoffentlich fängst du an, eine Vorstellung davon zu bekommen, wie du Linien kreieren kannst, die sich um die Akkorde bewegen, indem du einfach chromatische Noten verwendest, um die „wichtigen" Noten zu treffen, die unseren Ohren sagen, wo das tonale Zentrum des Stückes liegt.

Beispiel 8d:

Beachte, wie die Verwendung von chromatischen Noten diesen Linien Schwung verleiht, wenn sie sich in Richtung der wichtigen Tonleitertöne bewegen. Wir haben bisher nur ein kleines Fragment von C-Dur in einer Position auf dem Griffbrett verwendet, aber die Anwendung dieses Konzepts hat bereits einige schöne Ideen eröffnet.

Schauen wir uns nun an, was passiert, wenn wir die C-Dur-Tonleiter durch die nächste Oktave weiter absteigen lassen. Dazu verschiebe ich auch die Position, anstatt in der fünften Position zu bleiben, denn es eröffnet die Möglichkeit, einige schöne Linien zu spielen, die sich vertikal auf dem Hals bewegen. Hier ist das C-Dur-Tonleitermuster, das wir verwenden werden:

Two octave C Major scale

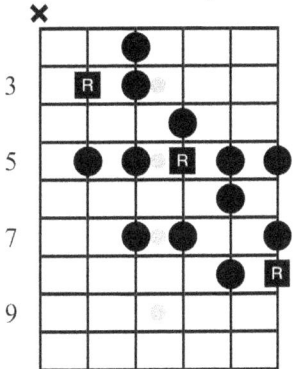

Hier ist nun die gleiche zweioktavige C-Dur-Tonleiter mit zusätzlichen chromatischen Noten:

Two octave C Major scale
with chromatic notes

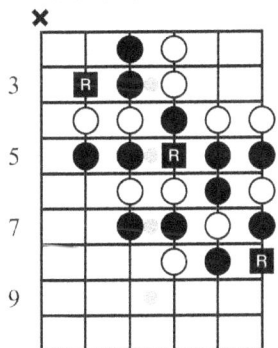

Auf den ersten Blick mag dieses Diagramm etwas einschüchternd erscheinen. So benutzt du es:

i) Nimm einen kleinen Abschnitt und arbeite mit den chromatischen Noten in diesem Abschnitt, um zu sehen, welche Licks du finden kannst.

ii) Wenn du eine Phrase entdeckst, die dir gefällt, wiederhole sie in der Oktave auf/ab, um zu hören, wie sie an jeder Position klingt.

iii) Verwende alle chromatischen Noten, die du benötigst, um die sich wiederholende Phrase „zusammenzufügen".

Die goldene Regel lautet: Beginne einfach, werde dann abenteuerlustiger und füge deinem Vokabular größere, komplexere Phrasen hinzu.

Noch einmal, um dir den Einstieg zu erleichtern, sind hier einige von mir entwickelte Linien, die chromatische Noten verwenden und sich über zwei Oktaven der C-Dur-Tonleiter erstrecken. Jede Idee umfasst die ersten vier Takte des Blues. Ich habe den ein oder anderen pentatonischen Blues-Lick eingestreut!

Beispiel 8e:

Zur Veranschaulichung nimmt Beispiel 8f nicht den „Atemzug", über den ich vorhin geschrieben habe. Das mag zunächst nach einer ziemlich komplexen und schwer verständlichen Linie klingen, aber schau dir das C-Dur-Tonleiterdiagramm *ohne* die chromatischen Noten an und erinnere dich daran, wo die Noten auf das Griffbrett fallen.

Wann immer du mit dieser Technik experimentierst, *visualisiere* das Tonleitermuster auf dem Griffbrett, *fülle* dann die Zwischenräume mit chromatischen Noten *aus* und spiele herum, bis du Klänge hörst, die dir gefallen. Wenn du eine Phrase findest, mit der du zufrieden bist, bewege sie um den Hals und die Oktave nach oben/ unten.

Beispiel 8f:

Beispiel 8g:

Beispiel 8h:

2. Implizieren von Akkorden, die nicht vorhanden sind.

Eine Technik, die von vielen Jazzmusikern verwendet wird, ist es, Akkordwechsel zu *implizieren*, die nicht wirklich in einem Musikstück geschrieben sind. Das Implizieren anderer Akkordwechsel, die nicht in der ursprünglichen Harmonie liegen, ermöglicht es Solisten, bei der Improvisation von diesen anderen Tonarten zu profitieren.

Ein gutes Beispiel dafür sind die Aufnahmen des Pianisten Kenny Kirkland, der diese Technik häufig einsetzte. Wenn er ein Solo macht, wirst du hören, wie Kirkland seine einzelnen Notenlinien mit schnellen Akkordstabs punktiert. Wenn er sein Solo in eine andere Richtung lenken will, spielt er einen schnellen Akkord aus einer anderen Tonart, bevor er eine Linie aus dieser Tonart spielt. Es bedeutet für seine Zuhörer: „Hey, ich bringe es woanders hin!"

Es gibt zahlreiche Möglichkeiten, in denen Jazzer den Blues verändert haben, um ein harmonisches Interesse zu erzeugen, indem sie sowohl zusätzliche Akkordwechsel als auch Substitutionen hinzugefügt haben, aber das ist nicht das Kernthema dieses Buches. Hier werde ich nur ein paar einfache Ideen besprechen, um das Denken und weitere Erkundungen anzuregen. Einige der geläufigsten Ideen, die Jazzmusiker verwenden, sind:

a) Der Tritonus oder b5

Das folgende Beispiel stellt eine b5-Substitution vor, die stattfindet, bevor die Sequenz zum I-Akkord zurückkehrt, d. h. einen Akkord einen b5-Intervall vom ursprünglichen Akkord entfernt ersetzt.

Anstatt D9 bis C9 zu spielen, bevor wir nach G13 auflösen, werden wir das C9 komplett weglassen und an seiner Stelle das b5 von D9 spielen, das ein Ab-Dominant-Akkord ist. Passend zum Jazz-Geschmack machen wir daraus einen 13.-Akkord. Also werden unsere letzten vier Takte jetzt

D9 - Ab13 - G13 - G13 sein.

Diese Substitution funktioniert gut, da das Ab13 stark auf den I-Akkord, G13, zurückgreift. Es erzeugt eine starke Spannung, ist aber schnell gelöst. Die Einführung dieses neuen Akkords, der nicht zu der ursprünglichen Akkordfolge gehört, eröffnet mehr Möglichkeiten für interessante Linien, die auch Spannung erzeugen.

Wir könnten einfach Ab-Dur/Moll-Pentatonik-Linien spielen, die sich in eine G-Moll/Dur-Phrase auflösen, und das würde gut funktionieren. Viel interessanter wäre es jedoch, E-Moll-Linien über die Ab13 zu spielen. Über diese letzten vier Takte können wir dann spielen:

A Minor arpeggio/scale	Eb Minor arpeggio/scale	D Minor arpeggio/scale	G Major pentatonic
D9	Ab13	G13	G13

Dies ermöglicht es uns, einige sehr interessante Linien im Abstand von vier Takten zu spielen. Die Halbtonverschiebung von Eb-Moll-Linien zu D-Moll-Linien ist eine schöne Bewegung, die einige Frage- und Antworttyp-Linien zulässt.

Hier sind ein paar Licks, die auf den oben beschriebenen Akkordfolgen/Linien basieren. Beispiel 8i skizziert einen Am7-Akkord in Takt Eins, Ebm7 in Takt Zwei und Dm6 in Takt Drei, bevor er einen einfachen G-Dur-Pentatonik-Lick in Takt Vier spielt.

Beispiel 8i:

Beispiel 8j schleicht frech eine Substitution einer Substitution in Takt Zwei ein! Unser ursprünglicher Akkord im Standard-Blues ist C9. Wir haben an seiner Stelle eine Ab13 ersetzt. In Takt Zwei verwende ich eine F#maj7-Idee – den Dur einen Ton tiefer als Ab13. Das Schöne an dieser bestimmten Linie ist, dass wir eine sehr ähnliche Phrase spielen, die um einen Halbton nach oben verschoben ist.

Beispiel 8j:

Es ist durchaus üblich, eine b5-Substitution im vierten Takt zu Beginn eines Blues einzuführen, um dem Akkordwechsel im fünften Takt vorauszugehen. Anstatt zu spielen,

G13 - C9 - G13 - G13

Wir können

G13 - C9 - G13 – Db9 spielen.

Das bedeutet, dass wir einen ganzen Takt der Spannung haben werden, bevor wir uns auf den erwarteten C9-Akkord in Takt Fünf einigen. In diesem Fall könnte unser Solo-Schema so aussehen:

G Major pentatonic	G Minor scale	G Major pentatonic	Ab Minor scale
G13	C9	G13	Db9

Hier sind zwei Beispiellinien, die diesen Ansatz verwenden:

Beispiel 8k:

Beispiel 8l:

b) Eine kleine Terz nach oben verschieben

Eine weitere häufige implizite Änderung ist die Verschiebung von Akkordwechseln oder melodischen Ideen um eine kleine Terz. Anstatt die letzten vier Takte unserer Blues-Sequenz so zu spielen:

D9 - C9 - G13 - G13

könnten wir

D9 - F9 - G13 - G13 spielen.

Anstatt den erwarteten C9-Akkord zu spielen, haben wir das D9 um eine kleine Terz (vier Bünde) nach oben auf das F9 verschoben.

Ein weiteres Mittel, mit dem Jazzmusiker die Standard-Blues-Sequenz im Laufe der Jahre verändert haben, ist ein V-Akkord mit seinem II-Akkord. Zum Beispiel könnten wir einen Durchgangsakkord Am vor das D9 hinzufügen. Dann, wenn wir diese Idee um eine kleine Terz nach oben verschieben, könnten wir einen Durchgangsakkord Cm vor das F9 hinzufügen. Nun sieht unsere Sequenz so aus:

Am D9 - Cm F9 - G13 - G13

Unser daraus resultierendes Solo-Schema könnte daher so aussehen:

A Minor scale	C Minor scale	D Minor scale	G Major pentatonic
Am D9	Cm F9	G13	G13

Hier ist ein Lick, der an Joe Pass erinnert, der diesem Solo-Schema folgt:

Beispiel 8m:

Alternativ könnten wir die Dur-Tonleiter eine 4. über dem G13-Akkord verwenden, bevor wir sie auflösen, um einen schönen C-Moll-zu-C-Dur-Klang zu erzeugen:

A Minor scale	C Minor scale	C Major scale	G Major pentatonic
Am D9	Cm F9	G13	G13

Hier ist eine weitere von Joe Pass inspirierte Linie, die dir zeigt, wie das klingt.

Beispiel 8n:

Ich hoffe, dass diese Ideen dein Denken angeregt und dir noch mehr Möglichkeiten eröffnet haben, den Standard-Blues zu verjazzen und einige schöne Bebop-Linien zu kreieren. Es wird sich für dich lohnen, einige Zeit mit diesen Konzepten zu verbringen, um das Beste aus ihnen herauszuholen, bevor du weitermachst.

Im letzten Kapitel werden wir alle Konzepte, die wir gelernt haben, in drei Blues in voller Länge und in verschiedenen Tonarten umsetzen.

Kapitel 9 – Fassen wir *alles* zusammen

Es ist an der Zeit, alle Ideen, die wir in den vorangegangenen Kapiteln besprochen haben, zusammenzufassen und sie für den Einsatz beim Blues in voller Länge zu nutzen. Ich habe bereits erwähnt, dass, wenn wir Jazz-Blues in verschiedenen Tonarten spielen, die Tatsache, dass wir gezwungen sind, in einer anderen Position auf dem Griffbrett zu solieren, verschiedene Licks & Läufe nahelegt, die wir normalerweise nicht spielen würden. Außerdem ist es gut, aus unseren Komfortzonen auszubrechen. Aus diesem Grund werden wir den Blues in ein paar verschiedenen Tonarten angehen.

Dieses Kapitel enthält drei verschiedene Blues, die du üben kannst: einen in unserer Beispieltonart G, einen in Bb und einen in F. Sie sind alle in verschiedenen Tempi und der Blues in G ist im 6/8 Takt.

Für jeden Blues habe ich ein Solo improvisiert, das zwei volle Choruse umfasst. Alle Soli sind auf den folgenden Seiten für dich transkribiert und du kannst die kostenlose Audio-Datei herunterladen, um zu hören, wie sie klingen sollen. Du hast auch die Backing-Tracks zum Spielen ohne den Lead-Gitarrenpart, so dass du alles, was du gelernt hast, üben und mit deinen eigenen Ideen experimentieren kannst.

Für jeden Blues werde ich folgendes angeben:

* Einen Song zum Anhören als Referenz, der sich in der gleichen Tonart befindet und ähnliche Akkordwechsel (Changes) verwendet.

* Kommentare zu allen Änderungen, die an der Standard-Blues-Sequenz vorgenommen wurden.

* Vorgeschlagene Solo-Schemata, die gut über diese Akkordwechsel funktionieren werden.

Ich schlage vor, dass du jedes Solo durcharbeitest und es in überschaubare Teile zerlegst. Zögere nicht, irgendwo einzutauchen und suche dir einen Lick aus, der dir ins Auge springt. Nimm diesen Lick und transponiere ihn auf andere Tonarten und Positionen am Hals. Pass ihn so an, dass er für deine Ohren und deinen Geschmack sinnvoll ist. Mit anderen Worten, mach all diese Licks zu deinen eigenen – auf diese Weise wirst du sie eher als Teil deines musikalischen Vokabulars verinnerlichen.

Vor allem aber viel Spaß und Freude dabei!

Übungs-Blues Nr. 1 – G

Referenz-Song: All Blues von Miles Davis

Kommentar zu den Changes: Wir gehen es ruhig an mit einem Blues in G ohne echte harmonische Überraschungen, abgesehen von der Änderung in Takt Zehn. Takt Neun enthält den erwarteten V-Akkord von D7, aber anstatt sich auf den IV-Akkord von C7 zu bewegen, bewegt sich die Sequenz einen Halbton nach oben zu Eb7 und dann wieder nach unten zu D7. Es ist ein einfaches, aber hochwirksames Mittel, das dieser Melodie mit ihrer sehr einfachen Akkordstruktur ein wenig Spannung verleiht.

Eine Sache, die bei dieser Melodie anders *ist,* ist der 6/8-Takt. Ich denke, es gibt dem Song ein „offeneres" Feeling und bittet um ein paar bluesige Linien, die nicht perfekt im Takt gespielt werden, aber freier fließen. Die Tatsache, dass die Sequenz über die gesamten ersten vier Takte auf G7 bleibt, während wir substituierte Linien von oben spielen, verleiht ihr einen fast modalen Klang.

Vorgeschlagenes Solo-Schema:

Bars 1-4:

G Major/Minor pentatonic	G Major/Minor pentatonic	D Minor	D Minor
G7	G7	G7	G7

Bars 5-8:

G Minor	Bb Major	D Minor	C Major
C7	C7	G7	G7

Bars 9-12:

A Minor	Bb Minor	G Major/Minor pentatonic	G Major/Minor pentatonic
D7#9	Eb7#9 D7#9	G7	G7

Beispiel 9a: Übungs-Blues Nr. 1 in G

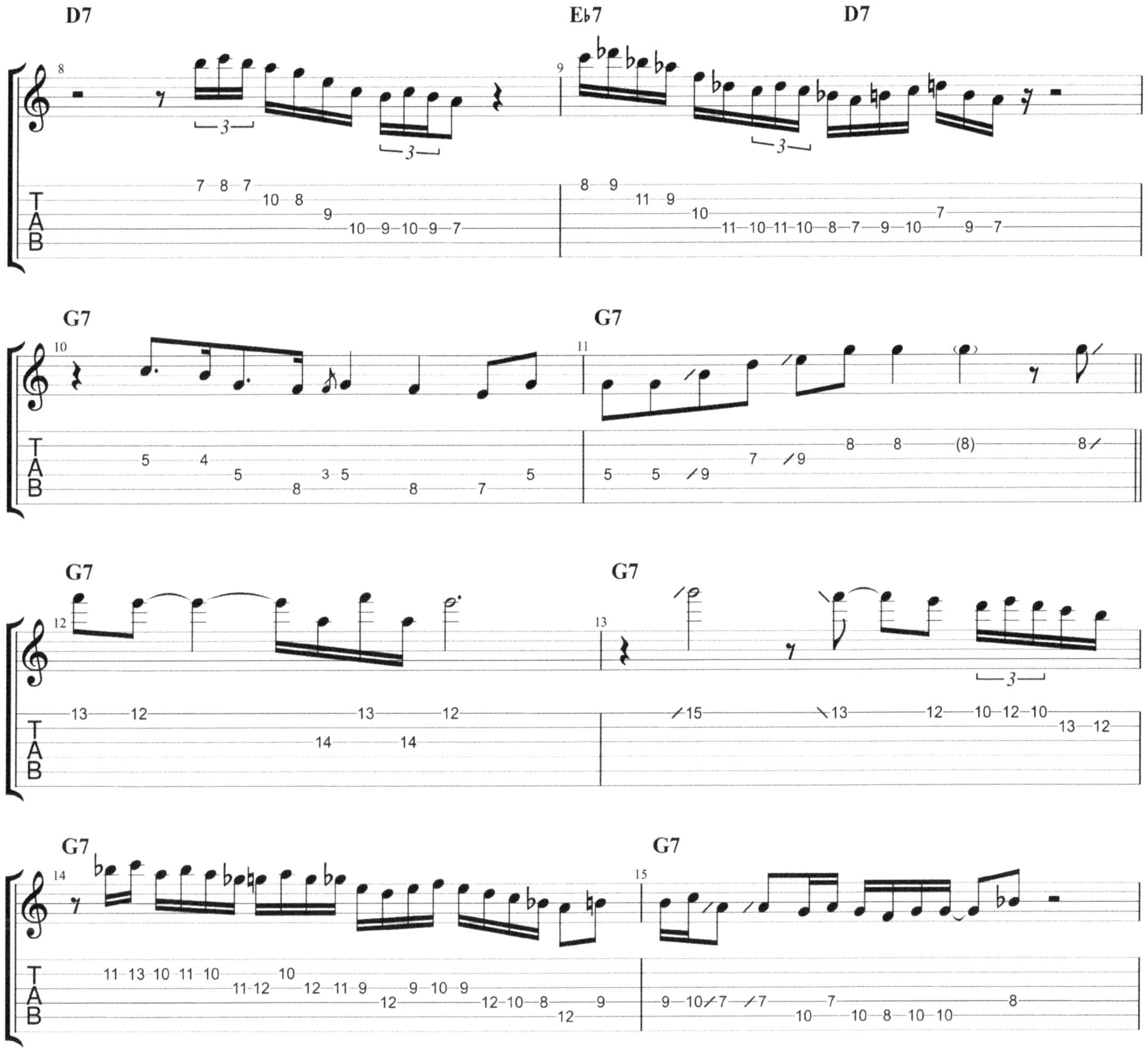
D7
E♭7
D7
G7
G7
G7
G7
G7
G7

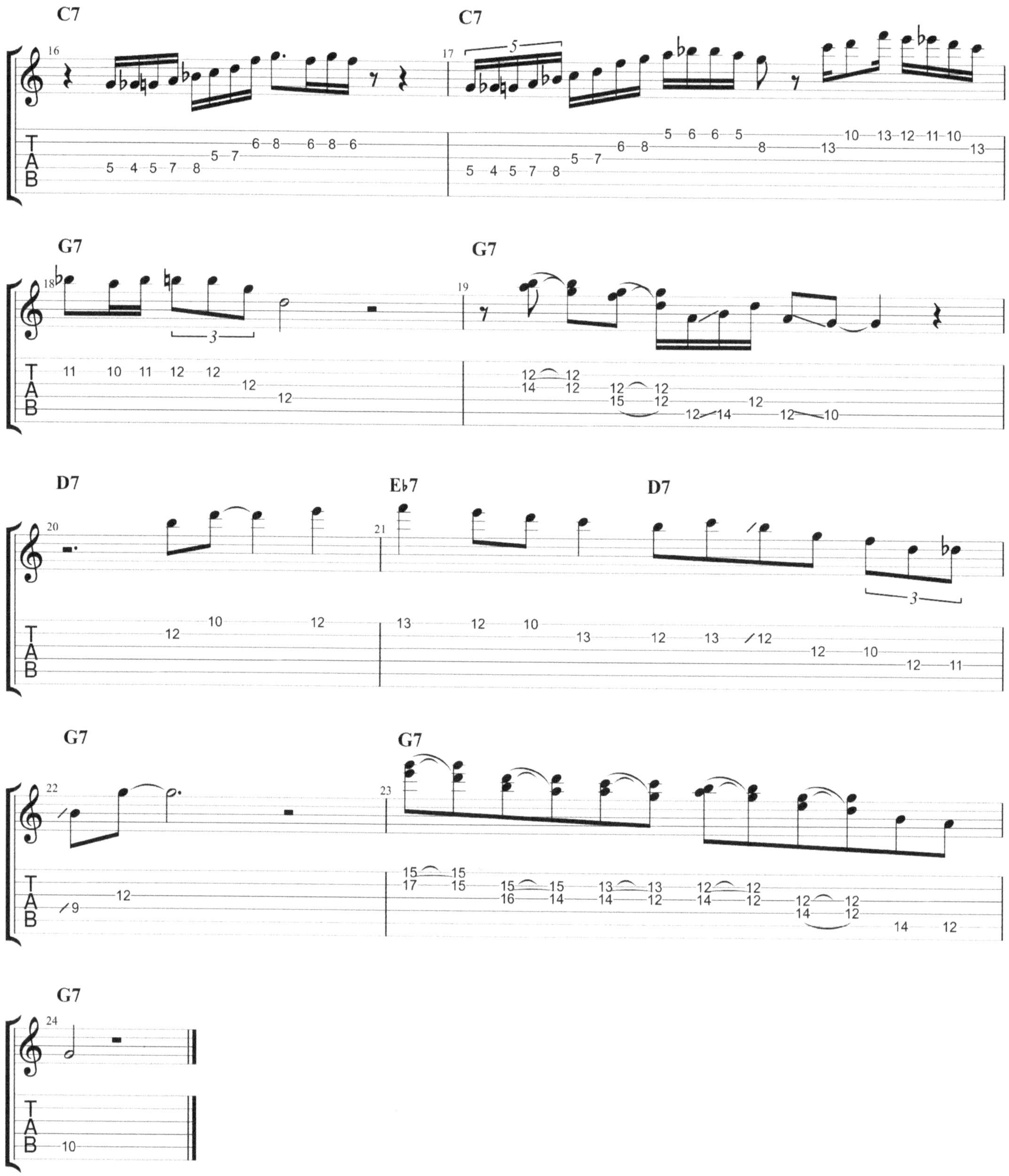
C7
C7
G7
G7
D7
E♭7
D7
G7
G7
G7

Übungs-Blues Nr. 2 – Bb

Referenz-Song: Blue Monk von Thelonius Monk

Kommentar zu den Changes: Dieser Blues verwendet den „schnellen Wechsel" in Takt Zwei, bewegt sich schnell zu Eb7, um Bewegung zu erzeugen, bevor er wieder zum I-Akkord Bb7 zurückkehrt. Ungewöhnlich ist, dass er auch den V-Akkord, F7, für zwei Taktschläge in Takt Drei einbringt, aber da es sich um einen vorübergehenden Akkord handelt, werden wir ihn für unser Solo ignorieren. Takt Zehn lässt den erwarteten IV-Akkord Eb7 weg, und bleibt dafür auf dem V-Akkord F.

Eine schöne Ergänzung in Takt Sechs ist das E° (vermindert). Das Solieren über verminderte Akkorde haben wir hier in diesem Buch nicht behandelt, und es könnte mehrere Kapitel für sich allein in Anspruch nehmen. Ich werde hier nicht näher darauf eingehen, aber ich werde einen einfachen Weg anbieten, um diesen Akkord anzugehen, der uns in vertrautem Terrain hält:

Verminderte Akkorde können als aus dem b9 eines Dominant-7.-Akkords aufgebaut betrachtet werden. Der „Überakkord" von E° ist also C7b9.

Du kennst vielleicht den Jazzstandard *Have You Met Miss Jones*. In einigen Versionen werden die Akkorde zu den Eröffnungstakten wie folgt geschrieben:

F - **F#°** - Gm7 - C7

Während andere Versionen das vorhersehbarere

F - **D7b9** - Gm7 – C7 haben.

Es ist eine einfache I VI II V-Sequenz und in der ersten Version wurde F#° ersetzt, dient aber dem gleichen Zweck wie der D7b9-Akkord.

In unserem Bb-Blues werden wir das E° dann so behandeln, als ob es ein C7b9-Akkord wäre und darüber Linien von entweder Bb-Dur oder G-Moll spielen.

Vorgeschlagenes Solo-Schema:

Bars 1-4:

Bb Major pentatonic	Bb Minor	F Minor	F Minor
Bb7	Eb7	Bb7 F7	Bb7

Bars 5-8:

Bb Minor	Bb Major / G Minor	F Minor	Bb Major pentatonic
Eb7	E°	Bb7 F7	Bb7

Bars 9-12:

C Minor	C Minor	Bb Major pentatonic	Bb Major pentatonic
F7	F7	Bb7	F7

Beispiel 9b: Übungs-Blues Nr. 2 in Bb

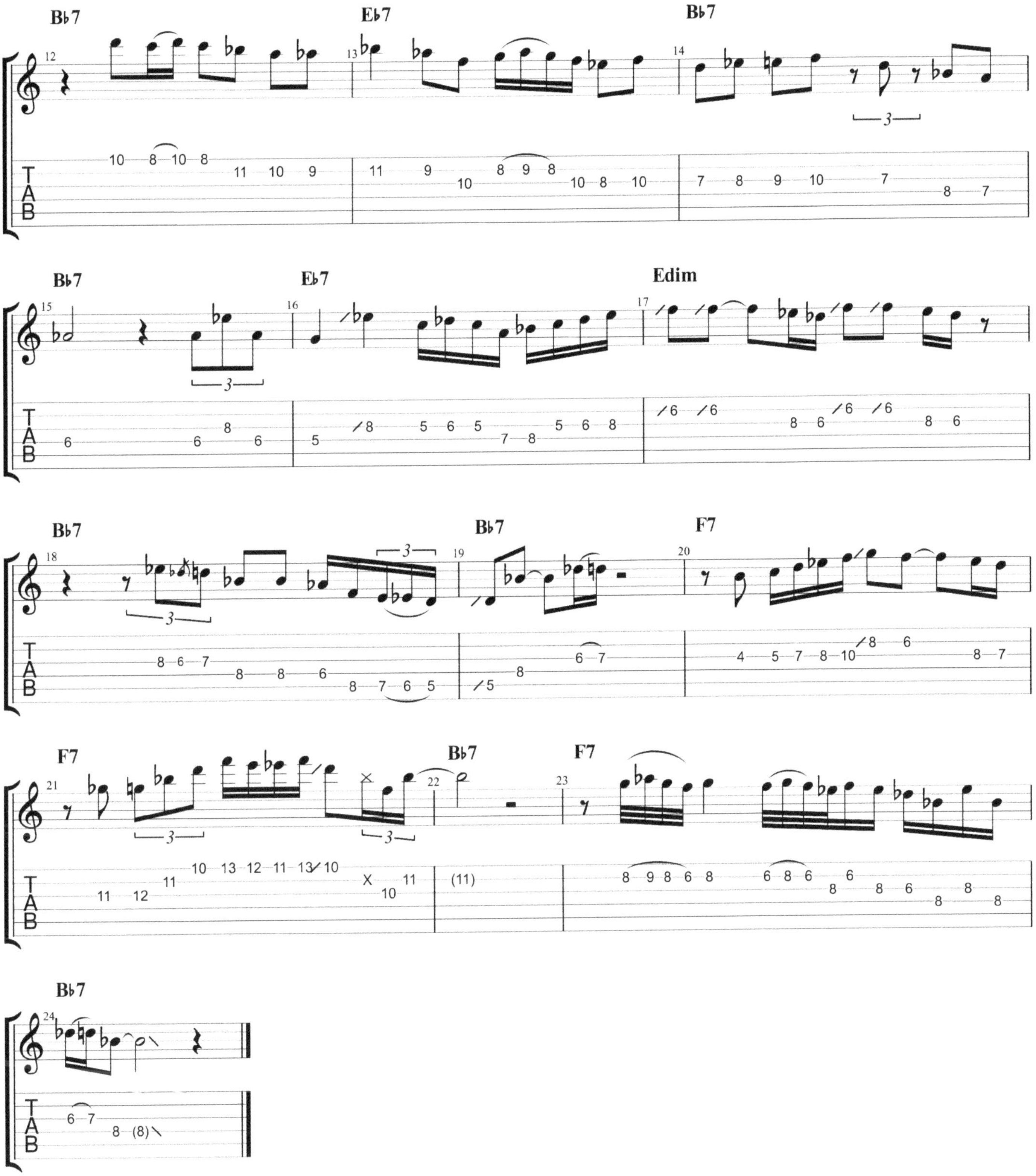
B♭7
E♭7
B♭7
B♭7
E♭7
Edim
B♭7
B♭7
F7
F7
B♭7
F7
B♭7

Übungs-Blues Nr. 3 - F

Referenz-Song: Billie's Bounce von Charlie Parker

Kommentar zu den Changes: Unser letzter Blues hat ein paar mehr Akkordwechsel als die vorherigen Sequenzen, die wir uns angesehen haben, und zum ersten Mal sehen wir einen I VI II V *Turnaround* in den letzten beiden Takten.

Mit dem Aufkommen des Bebop, mit seinem Schwerpunkt auf Komplexität und Virtuosität, schrieben Jazzmusiker in vielen Changes an den Standard-Akkorden von Songs, so dass sie eine reichere harmonische Grundlage für das Solo hatten. Schau dir *Blues for Alice* von Charlie Parker an und du wirst sehen, was ich meine. Er wurde auf so viele Arten verändert, dass es dir vergeben werden würde, wenn du es überhaupt nicht als Blues erkennst, aber es ist einer.

Dieser Blues wurde nicht so radikal verändert, aber er hat immer noch ein paar interessante Wendungen.

In Takt Zwei sehen wir einen weiteren verminderten Akkord. B° ist mit G7b9 verwandt, so dass wir darüber D-Moll-Linien spielen könnten.

In Takt Acht macht dieser Blues etwas, was vielen Jazz-Blues-Songs gemein ist, und bewegt sich zum VI-Akkord. In der Tonart F-Dur wäre dies normalerweise ein D-Moll-Akkord, aber da es sich um einen Jazz/Blues handelt, wurde er in einen Dominant-Sept-Akkord umgewandelt. Eine weitere Änderung wurde vorgenommen, indem ihm ein Am-Akkord vorausgeht. Die Idee hier ist, sich vorzustellen, dass das D7 ein V-Akkord aus einer anderen Tonart ist, und ihm mit dem zugehörigen II-Akkord, also Am - D7, vorauszugehen.

In Takt Neun sehen wir eine ähnliche Idee. Anstatt ein gerades C7 zu spielen, geht ihm ein verwandter II-Akkord, Gm, voraus.

Mit diesem Solo habe ich eher einen Pat Martino-Ansatz verfolgt und alles in eine Moll-Tonart umgewandelt.

Vorgeschlagenes Solo-Schema:

Bars 1-4:

C Minor	F Minor / D Minor	C Minor	C Minor
F7	Bb7 B°	F7	F7

Bars 5-8:

F Minor	F Minor	C Minor	A Minor
Bb7	Bb7	F7	Am D7

Bars 9-12:

G Minor	G Minor	C Minor	C Minor
Gm	C7	F7 D7	Gm C7

Beispiel 9c: Übungs-Blues Nr. 3 in F

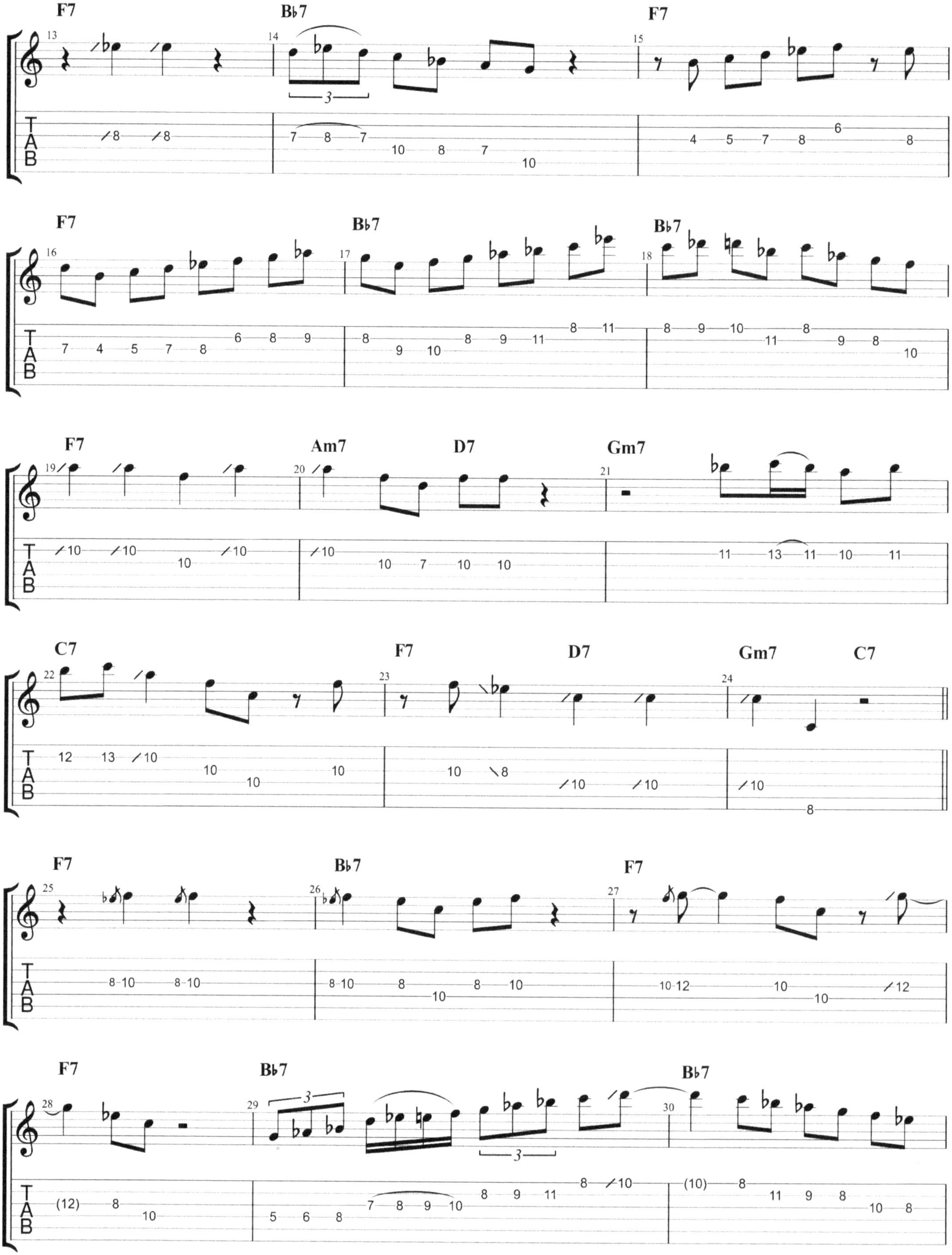
F7 B♭7 F7
F7 B♭7 B♭7
F7 Am7 D7 Gm7
C7 F7 D7 Gm7 C7
F7 B♭7 F7
F7 B♭7 B♭7

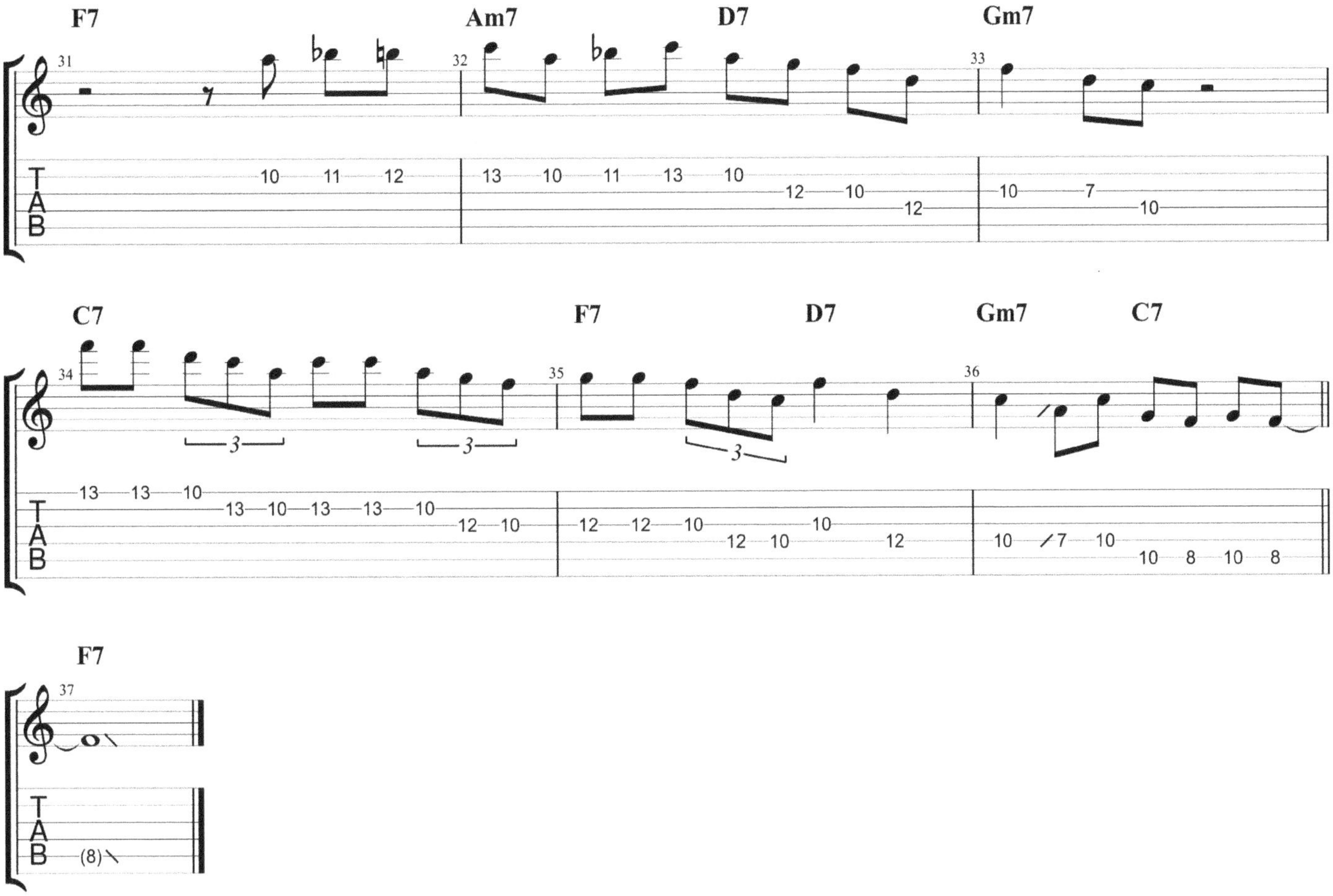
F7
Am7
D7
Gm7
C7
F7
D7
Gm7
C7
F7

Fazit

Ich hoffe, du hattest Spaß beim Experimentieren mit den Substitutionen in diesem Buch und dass sie die Tür zu einigen Sounds geöffnet haben, die du sonst nicht entdeckt hättest. Um tiefer in diesen Stil einzusteigen, schlage ich vor, über die bereitgestellten Backing-Tracks zu jammen und sich auf eine Substitution nach der anderen zu beschränken. Verwende nur die Moll-Substitution eine Quinte über jedem Akkord im Blues, bis dieser Sound vollständig verinnerlicht ist. Wähle dann eine andere Substitution und erkunde diese, bevor du schließlich damit beginnst, Ideen zu kombinieren.

Und schließlich, höre viel zu und schau, ob du Licks, die du in diesem Buch gelernt hast, in der Musik deiner Lieblingsgitarristen erkennen kannst. Danke, dass du mit mir auf diese Reise gekommen bist und genieße dein Gitarrenspiel!